DE

# L'ACCESSION DES POSSESSIONS

## EN DROIT ROMAIN

## ET EN DROIT FRANÇAIS

INSTIT. JUSTIN., § 12 ET 13 (2-6), CODE NAPOLÉON 2235, 2237, 2239,

PAR

## M. ALBERT VIGIÉ,

DOCTEUR EN DROIT.

---

TOULOUSE
TYPOGRAPHIE DE BONNAL ET GIBRAC
RUE SAINT-ROME, 44.
—
1870.

DE

# L'ACCESSION DES POSSESSIONS

## EN DROIT ROMAIN

## ET EN DROIT FRANÇAIS

INSTIT. JUSTIN., § 12 ET 13 (2-6), CODE NAPOLÉON 2235, 2237, 2239,

PAR

## M. ALBERT VIGIÉ,

DOCTEUR EN DROIT.

## TOULOUSE

TYPOGRAPHIE DE BONNAL ET GIBRAC

RUE SAINT-ROME, 44.

—

1870.

A

# M. GUSTAVE HUMBERT,

ANCIEN SOUS-PRÉFET,

PROFESSEUR DE DROIT ROMAIN A LA FACULTÉ DE DROIT DE TOULOUSE,

SECRÉTAIRE PERPÉTUEL DE L'ACADÉMIE DE LÉGISLATION.

Hommage respectueux.

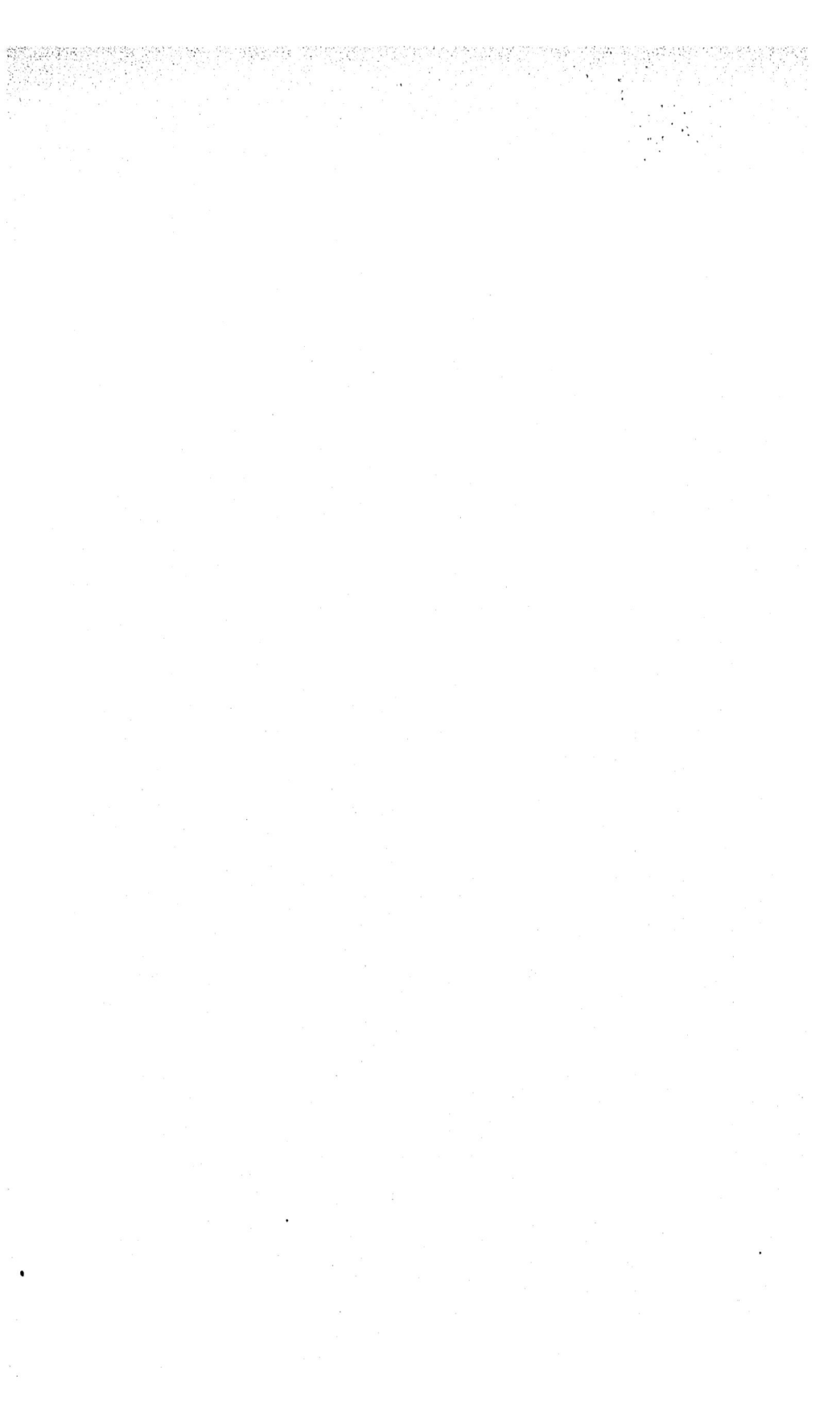

# DE L'ACCESSION DES POSSESSIONS

## EN DROIT ROMAIN ET EN DROIT FRANÇAIS

Instit. Justin., § 12 et 13 (2-6), Code Napoléon 2235, 2237, 2239.

----

### Accessio possessionum.

Cette monographie a pour objet l'étude d'un point particulier de la théorie de la possession: le droit pour le possesseur actuel de joindre à sa possession celle de son auteur.

Les textes du Digeste emploient pour désigner ce droit, les mots *accessio possessionum*, d'autres fois les mots *temporis accessio*; nous adopterons cette terminologie; elle a le double avantage d'être empruntée aux textes et de donner une idée nette et précise du droit sur lequel vont porter nos études.

Le mot *auteur* comprend, lorsqu'il est appliqué dans notre matière, toute personne de laquelle on tient la possession (1); par exemple, le défunt est l'auteur, pour les successeurs à titre universel; le vendeur est auteur pour son acquéreur; le donateur pour le donataire.

L'*accessio temporis* présente un grand avantage au possesseur, elle lui permet de faire produire à sa possession

_____

(1) Fr. 14, § 1 (44. 3).

des effets considérables, effets qu'il ne pourrait pas obtenir, si, se bornant à invoquer sa propre possession, il ne voulait pas la rattacher à la possession de ses auteurs.

Les exemples suivants mettront en lumière la vérité de ces propositions.

Primus possédait un fonds de terre, *bona fide et justa causa*; si la possession eût duré deux ans dans l'ancien droit, dix ans sous Justinien, la propriété lui aurait été acquise *per usucapionem*; avant l'expiration de ce délai, il a transmis à un acquéreur la propriété du fonds; la tradition faite, le successeur commence une possession nouvelle.

Admettons-nous l'*accessio possessionum*, le successeur n'aura qu'à parfaire le temps de possession commencée par l'auteur pour arriver ainsi à la propriété; n'y a-t-il pas possibilité de joindre l'une à l'autre les deux possessions, de l'auteur et du successeur, ce dernier n'usucapera qu'au moyen d'une possession de deux ans ou dix ans, suivant les époques.

L'utilité de l'*accessio possessionum* existe, encore, toutes les fois qu'il est nécessaire d'avoir possédé plus longtemps que son adversaire, pendant une certaine période de temps; dans le cas de l'interdit *utrubi*, celui-là, qui a possédé le meuble le plus longtemps, pendant la dernière année, sera maintenu en possession; or, si l'héritier ne peut pas joindre sa possession à celle du défunt; si l'acquéreur ne peut pas invoquer la possession du vendeur, il est possible qu'ils ne puissent pas triompher contre l'adversaire, lors même que ce dernier n'aurait possédé qu'un temps très court.

Ils triompheront au contraire et d'une manière à peu près certaine, si à leur possession ils peuvent joindre la possession de l'auteur. L'utilité de l'*accessio possessionum* existe encore dans quelques autres hypothèses; nous les étudierons dans le courant de notre travail.

Pour bien comprendre les règles de l'*accessio temporis*, sous la législation romaine, il faut être fixé sur le droit de possession, sa nature, les effets qu'il produit.

Le *Dominium* est le droit de tirer de la chose toute l'utilité qu'elle est susceptible de produire; il comprend les trois éléments, *jus utendi, fruendi, abutendi*; à la propriété ainsi définie se rattache le *jus possidendi*, droit dans un sens large d'exercer sur la chose un pouvoir physique, un droit de puissance (1).

Le *jus possidendi* se distingue du *jus possessionis*, en ce que l'un est la conséquence du droit de propriété, en constitue une partie intégrante; l'autre au contraire, le *jus possessionis* est distinct de la propriété, n'a rien de commun avec elle et a une existence qui lui est propre.

La possession, en droit romain, est indiquée par différentes expressions dont il est souvent très difficile d'indiquer le sens avec précision, et la confusion de la terminologie romaine sur ce point a été pendant longtemps la cause de divergences nombreuses entre les jurisconsultes.

Aujourd'hui, on est à peu près fixé sur le sens des termes employés par les jurisconsultes romains.

Les mots *possessio civilis* sont souvent opposés aux mots *possessio naturalis*; dans ce cas, les premiers s'appliquent à la possession, qui sert de fondement à l'usucapion. Les seconds (2) comprennent la possession proprement dite et la détention; la possession proprement dite, que les interdits servent à protéger, résulte de la réunion de deux

---

(1) L'étymologie du mot possession vient probablement du verbe *posse* ou bien de *pes*. Fr. 1 (41, 2)

(2) Cmp. Fr. 3 § 15 et fr. 1. D. *ad exhibendum* (10. 4).

éléments distincts : le *corpus*, le pouvoir physique que l'on exerce ou que l'on pourrait exercer sur une chose ; l'*animus sibi habendi*, l'intention de s'attribuer le bénéfice de la possession.

La *nuda detentio*, beaucoup moins importante et beaucoup moins efficace quant à ses effets, résulte du fait d'avoir une chose à sa disposition et de la conscience de ce pouvoir. Les anciens jurisconsultes avaient pensé que le simple pouvoir physique constituait la détention ; il ne faut pas aller si loin et il faut admettre un autre élément, la conscience de ce pouvoir physique. Cette théorie résulte formellement de deux décisions des jurisconsultes romains : ils refusent la possession à l'infans et à celui qui tiendrait pendant son sommeil un objet à sa disposition : dans ce cas il n'y a pas possession, car si nous trouvons le premier élément, le *corpus*, nous ne rencontrons pas la conscience du pouvoir exercé, et par suite il n'y a pas possession possible (1).

Les anciens jurisconsultes avaient aussi pensé que la possession n'existait que tout autant que l'on exerçait sur la chose un pouvoir physique ; cette opinion doit être rejetée ; ce n'est pas du pouvoir physique que les jurisconsultes romains se sont surtout préoccupés, mais principalement de la possibilité d'exercice de ce pouvoir. Et, par exemple, la possession appartient à celui qui a reçu les clefs d'un grenier. Pourquoi ? Parce qu'il a la possibilité d'entrer dans le grenier, d'en tirer un usage déterminé ; pour repousser cet argument, on avait prétendu que les clefs livrées constituaient une tradition feinte, un symbole représentant les marchandises ; cette objection ne peut pas sou-

---

(1) *Quia affectionem tenendi non habent.* Fr. 1 § 3 (41. 2).

tenir l'examen, en présence de la distinction faite par le jurisconsulte Papinien : les parties ont-elles le grenier à leur portée, *apud horrea*, la possession existera; mais il n'y aurait pas possession dans le cas contraire, si les parties étaient éloignées des lieux (1).

Les mots *naturalis possessio* sont employés dans un autre sens; ils indiquent la position de celui qui, sans le savoir, a une chose à sa disposition : par exemple, le propriétaire d'un fonds de terre possède tout ce qui est caché dans ce fonds; mais il ne connaît pas sa possession, on dit de lui : *habet naturalem possessionem* (2).

Les Romains admettaient la possibilité de la possession pour les choses corporelles; et cette solution était logique, puisqu'ils ne reconnaissaient l'existence de la possession qu'au profit de celui qui avait sur la chose un pouvoir physique et l'intention de s'en attribuer les avantages. D'où la conséquence que les droits incorporels n'étaient pas susceptibles de possession.

Les jurisconsultes romains arrivèrent cependant bientôt à une solution différente : la possession d'une chose corporelle, qu'est-ce? Ce n'est que l'exercice du droit de propriété; en ce sens, du moins, que la possession donne à celui qui l'exerce la position qu'aurait le propriétaire lui-même.

S'il en est ainsi, pourquoi ne pas admettre que les droits incorporels sont susceptibles de possession? Pourquoi ne pas admettre que l'usufruit est possédé; que les servitudes rurales et urbaines sont susceptibles de possession; et c'est ce qui fut admis, en effet : seulement on ne donna pas à

(1) Papinien, 74, *de contrah. emptione*. « *Si claves apud horrea traditæ sint.* » Cmp. fr. 3, § 1; fr. 18, § 2; fr. 4, § 21 (41-2).
(2) Fr. 3, § 3 (41-2).

la possession le nom de *possessio*, mais celui de *quasi possessio*; il n'y a pas ici possession véritable, d'après les principes rigoureux, mais un fait analogue à la possession (1).

Trois espèces particulières de possession étaient connues : la *possessio civilis* ou *possessio ad usucapionem*, la *possessio naturalis* se décomposant en *possessio ad interdicta*, et *detentio*. Voici comment ces diverses possessions étaient protégées : la *nuda detentio* n'était l'objet d'aucune garantie particulière; on appliquait à notre hypothèse les principes généraux : le détenteur peut repousser la force par la force. La *possessio* proprement dite, ou *possessio ad interdicta*, donnait au possesseur un droit très-important; le préteur maintenait en possession le possesseur troublé dans l'exercice de son droit (interdit *uti possidetis* pour les immeubles et *utrubi* pour les meubles) et ordonnait que la possession lui serait restituée en cas de *dejectio*; on employait alors les interdits *undè vi* pour les immeubles et *utrubi* pour les meubles; la possession ne donne droit aux interdits que lorsqu'elle est exempte de vice *ab adversario;* la possession exercée *vi, clam, precario* sera protégée par les interdits possessoires, pourvu que vis-à-vis de l'adversaire elle soit exempte de vices.

La *possessio civilis* produit des effets plus considérables encore; tous les effets de la *nuda detentio*, de la *possessio ad interdicta* lui appartiennent; elle permet, en outre, au possesseur l'usucapion, si la possession a duré le temps prescrit par la loi. La possession produit-elle d'autres effets? Certains auteurs ont voulu étendre, outre mesure, les effets de la possession, et il paraît que l'un d'eux est allé jusqu'à

---

(1) Dans ce cas, les jurisconsultes romains disaient que celui qui exerçait cette possession, *naturalem possessionem habebat.* Fr. 12 (11-2).

en compter soixante-douze, d'autres les ont restreints le
plus possible. M. de Savigny, par exemple, a soutenu que
les seuls effets de la possession étaient les interdits et l'usucapion.

Nous n'accepterions pas cette opinion d'une manière
absolue; sans étendre, outre mesure, les effets de la possession, il nous semble qu'on peut compter au nombre des
prérogatives qu'elle confère au possesseur le droit de rétention, la position de défendeur, et l'action publicienne (1).

M. de Savigny ne voit pas dans ces avantages les conséquences du droit de possession :

1° Le possesseur est défendeur à l'action en revendication ; pour expliquer ce point, M. de Savigny invoque les
principes généraux sur la preuve, *onus probandi incumbit
actori ;* le possesseur n'aura donc rien à prouver. Sans
doute, nous reconnaissons bien que c'est au demandeur en
revendication à prouver ; le défendeur attendra que le
demandeur ait fait les preuves de sa prétention ; mais ce
qui le fait considérer comme défendeur c'est la possession
dont il est investi, et rien autre chose.

2° L'action publicienne appartient à celui qui a cessé de
posséder, et était au moment de la dépossession *in causâ
usucapiendi* ou *præscribendi ;* on a dit : le possesseur
dépouillé n'a pas l'action publicienne en tant que possesseur, mais en vertu d'une présomption légale : l'usucapion
commencée est considérée comme terminée. Sans doute,
cela est vrai ; nous demanderons à notre tour, pourquoi
cette présomption légale, parce que le possesseur était *in
causâ usucapiendi* : on peut donc rattacher à la possession
le droit à l'action publicienne et le considérer comme une
des conséquences immédiates.

---

(1) Machelard, textes, p. 21, fr. 15, § 2 (47-2). *De furtis.*

3° Le droit de rétention est un droit réel qui permet au possesseur de garder la possession de la chose tant qu'il est créancier à l'occasion de cette chose. Nous n'entrerons pas dans les détails, nous nous bornons à constater que le droit de rétention ne peut être exercé que par le possesseur: d'où la conséquence que l'on peut parfaitement le rattacher aux effets de la possession.

Tels sont les principaux effets de la possession; une distinction profonde les sépare en deux grandes classes: les uns résultent de ce seul fait que l'on a actuellement la possession; les autres de ce que l'on a possédé un certain laps de temps.

Pour les premiers, l'*accessio possessionum* ne peut pas se produire; il suffit de posséder actuellement, par exemple: tout possesseur actuel est défendeur au procès en revendication; tout possesseur a droit à la rétention, à l'action publicienne (s'il est de bonne foi et possède à juste titre).

Pour les seconds effets de la possession, qui pour se produire exigent que la possession ait duré un certain temps, l'*accessio possessionum* est nécessaire, autrement on ne pourrait les invoquer que tout autant que l'on aurait possédé soi-même tout le temps nécessaire.

Le possesseur d'une chose mobilière ou immobilière arrivait à la propriété romaine, s'il avait possédé cette chose *bona fide et justa causa*, pendant les temps fixés pour l'usucapion; ce délai était d'un an pour les meubles et deux ans pour les immeubles. D'un autre côté, pour les fonds provinciaux et plus tard pour les fonds italiques, on admit que tout possesseur, *bona fide et justa causa*, au bout de dix ans de possession entre présents et vingt ans entre absents, pourrait repousser toute action en revendication et même obtenir une *actio in rem utilis* pour recouvrer la possession perdue ; l'*accessio temporis* sera dans ces hypothèses d'une grande utilité, le successeur arrivera plus facilement à la propriété. L'usucapion lui profitera, bien qu'il n'ait possédé par lui-même qu'un temps très court.

En matière mobilière, le préteur attribuait la possession du meuble à celui qui avait possédé le plus longtemps pendant la dernière année ; le successeur du possesseur avait donc le plus grand intérêt à pouvoir joindre sa possession à celle de l'auteur, pour triompher plus facilement des prétentions de son adversaire ; telles sont les hypothèses principales dans lesquelles se produit l'*accessio temporis*.

Dans quelques autres cas, l'*accessio temporis* est encore utile au possesseur ; nous les parcourrons successivement.

Notre matière se divise naturellement en deux grandes sections.

Dans l'une nous étudierons l'*accessio possessionum*, dans le cas de l'interdit *utrubi*.

Dans l'autre, l'*accessio possessionum*, dans l'usucapion.

§ I.

*Interdit utrubi.*

Nous avons posé en principe, que le préteur maintenait en possession le possesseur troublé et lui faisait restituer la possession, s'il venait à la perdre.

Dans le premier cas, on avait recours aux interdits

*retinendæ possessionis,* aux interdits *recuperandæ* dans le second.

Les jurisconsultes romains connaissaient deux sortes d'interdits *retinendæ possessionis :* 1° l'interdit *uti possidetis* et 2° l'interdit *utrubi ;* ces interdits présentent des points communs qui les rapprochent, et aussi des différences importantes peuvent être signalées entr'eux.

Le préteur ne prend en considération, dans ces interdits, que la possession non vicieuse, *ab adversario (nec vi, nec clam, nec precario)*, sans rechercher si ces vices ne peuvent pas exister à l'égard d'autres personnes et sans distinguer entre les possesseurs de bonne ou de mauvaise foi ; la possession est-elle exercée *animo sibi habendi,* le préteur accordera les interdits.

L'interdit *uti possidetis* est donné pour protéger la possession immobilière, l'interdit *utrubi,* pour garantir la possession des meubles ; le premier n'était accordé qu'à celui qui possédait au moment de l'émission de l'interdit et qui était troublé dans sa possession ; le second, l'interdit *utrubi* était donné à toute personne qui avait possédé le meuble pendant la dernière année.

Le préteur offrait au possesseur de l'immeuble qui avait été *dejectus,* l'*interdictum undè vi,* et l'interdit *uti possidetis* au possesseur troublé : de là une conséquence très importante.

Le possesseur troublé, qui triomphait dans l'interdit, était censé avoir toujours possédé sans interruption et par suite pouvait arriver à l'usucapion ; le possesseur avait-il été *dejectus,* avait-il perdu la possession, ce n'était plus l'interdit *uti possidetis* que lui offrait le préteur, mais l'interdit *undè vi ;* or, le possesseur *dejectus,* même en triomphant dans l'interdit *undè vi,* ne pouvait pas continuer

l'usucapion commencée avant la *dejectio :* il en commençait
une nouvelle et cette différence entre l'interdit *uti possidetis* et *undè vi* entraînait, pour le juge, le droit d'apprécier
les dommages-intérêts d'une manière différente.

Laissant de côté ces particularités de la procédure
romaine, nous constatons que l'interdit *uti possidetis* n'était
donné qu'à celui qui possédait au moment même de l'émission de l'interdit ; l'interdit *utrubi* à tout possesseur troublé et même au possesseur dépouillé du meuble ; pour
triompher dans cette procédure, il ne suffisait pas, comme
dans le cas de l'interdit *uti possidetis,* d'établir que l'on
possédait *nec vi, nec clam, nec precario ab adversario,* il
fallait démontrer que pendant la dernière année l'on avait
possédé le meuble pendant plus longtemps que l'adversaire. On ne se préoccupe donc ici que de la possession
d'une certaine durée.

Aussi la question de l'*accessio possessionum* se posait-elle
dans notre matière.

Son utilité apparaît dans bien des hypothèses, parmi
lesquelles nous pouvons citer les suivantes :

Primus possède un meuble, qu'il a recueilli dans la succession de Titius, et il en perd la possession après l'avoir
exercée seulement un jour ; le possesseur actuel triomphera
nécessairement dans l'interdit *utrubi,* s'il a possédé pendant la dernière année plus longtemps que l'héritier : et il
suffit pour cela qu'il ait possédé deux jours ; — l'héritier
gagnera le procès, s'il peut joindre sa possession à celle de
son auteur, lors même que par lui-même il eût une possession inférieure à celle de son adversaire.

De même si nous supposons une vente ou une donation
de choses mobilières, l'acquéreur ou le donataire dépouillé
de la possession de la chose achetée ou donnée aura grand

intérêt à joindre sa possession à celle de son auteur, vendeur ou donateur, pour triompher du possesseur actuel, son adversaire.

— A quelles règles obéissait l'*accessio possessionum*, dans l'interdit *utrubi* ?

Au moyen des textes des commentaires de Gaïus, il est facile de les rétablir ; ce travail ne pouvait être fait par les anciens auteurs ; Justinien a en effet assimilé l'interdit *utrubi*, et *uti possidetis* ; à partir de ce prince, ils ne sont donnés l'un et l'autre qu'à celui qui possède actuellement, et par suite les questions d'*accessio* n'offrent plus aucun intérêt : malheureusement, en supprimant ainsi tout ce qui était relatif à l'*accessio possessionum*, Justinien a laissé subsister dans le *corpus juris* certains textes qui ne s'appliquaient évidemment qu'à l'*accessio possessionum* en matière d'interdit ; et ces textes dans la compilation justinienne semblent s'appliquer à l'usucapion : de là une confusion regrettable qui a été la source de difficultés et d'erreurs.

Un principe domine toute notre matière ; la possession pour l'interdit *utrubi* peut être invoquée par le possesseur de mauvaise foi, pourvu qu'elle ne soit exercée *nec clam, nec vi, nec precario ab adversario*.

Voici, d'après nous, à quelles règles on peut ramener les principes de notre matière :

1° Celui qui invoque l'*accessio possessionum*, doit posséder : il demande en effet à joindre une possession à la sienne propre ; d'où la conséquence que la possession a dû reposer un moment sur sa tête. Gaïus le dit formellement : « C. » IV, § 151, *in medio. Nullam autem propriam possessionem* » *habenti accessio temporis non datur, nec dari potest ; nam* » *ei quod nullum est, nihil accedere potest.* »

Il ne faudrait pas s'exagérer ce principe. Gaïus ne veut pas dire que celui-là seul, qui possède actuellement, pourra joindre sa possession à celle de l'auteur. Ce serait enlever le bénéfice de l'*accessio*, à celui qui a été dépouillé de la possession, et nous trouverons des textes qui dans cette hypothèse donnent formellement l'*accessio possessionum*. L'hypothèse suivante montrera la différence des solutions. Primus a vendu un meuble à Secundus, et celui-ci mis en possession, est dépouillé : Secundus peut intenter l'interdit *utrubi* dans notre opinion; il ne le pourrait pas, si on prenait à la lettre les termes de Gaïus. — Aussi formulerions-nous cette première règle de la manière suivante : l'*accessio temporis* est accordée à toute personne qui a déjà possédé.

Par application de ce principe, l'acheteur ne pourra demander l'*accessio temporis*; qu'après avoir été mis en possession de la chose, le donataire après avoir reçu tradition de la chose donnée, le légataire après la délivrance de son legs. Que décider pour l'héritier? Faut-il admettre qu'il pourra invoquer l'*accessio possessionum*, par cela seul qu'il aura fait adition ou ne lui donner ce droit qu'après une prise de possession véritable? Cette seconde solution est la seule qui soit conforme aux principes du Droit romain. Il paraît cependant que la question avait été controversée, et Ulpien nous rapporte cette controverse dans les termes suivants : « fr. 13, § 4 (41-2). *Quæsitum est, si heres prius* » *non possederat, an testatoris possessio ei accedat ? Et* » *quidem in emptoribus possessio interrumpitur, sed non idem* » *in heredibus plerique probant, quoniam plenius est jus suc-* » *cessionis, quam emptionis ; sed subtilius est, quod in emp-* » *torem, et in heredem id quoque probari* (1).

(1) Ce texte avait fait croire à nos anciens jurisconsultes français, que la saisine avait son origine dans le Droit romain.

2° La possession de l'auteur vis-à-vis de celui à qui on veut l'opposer, doit être exempte de tout vice, n'être *nec vi, nec clam, nec precario;* ce principe n'a pas besoin d'être justifié : l'auteur n'aurait pas pu invoquer sa possession à l'encontre de l'adversaire, comment le successeur le pourrait-il : lui qui n'exerce les droits de l'auteur qu'à son lieu et place? Ce principe s'induit du passage suivant du § 151 du C. de Gaïus... *Itaque si nostræ possessioni juncta alterius justa possessio...* La possession que nous voulons joindre à la nôtre doit être *justa* : ici le mot *justa* ne doit pas être entendu d'une manière absolue ; mais seulement *secundum subjectam materiam,* c'est-à-dire d'une *possessio justa* en matière d'interdit, *id est, nec vi, nec clam, nec precario ab adversario.*

3° Celui qui demande l'*accessio temporis* doit lui aussi exercer une *possessio justa* : car, si la possession de l'auteur est exempte de vices, *ab adversario,* le successeur doit se trouver dans les mêmes conditions ; sa possession doit être *justa* et l'*accessio temporis* viendra la confirmer et lui donner une durée suffisante pour produire certains effets. Gaïus indique cette solution, § 151 *in fine* : « *Sed et si vitiosam* » *habeat possessionem, id est aut vi, aut clam, aut precario* » *ab adversario adquisitam, non datur (accessio) ; nam ei* » *possessio sua nihil prodest.* »

Au moyen de l'*accessio possessionis,* le successeur doit arriver à avoir pendant la dernière année une possession plus longue que l'adversaire. « *Si nostræ possessioni juncta* » *alterius justa possessio exsuperat adversarii possessionem,* » *nos eo interdicto vincimus.* » C. IV, G. 151 ; et la loi 156 de *verborum significatione,* nous indique ce qu'il faut entendre par une possession, qui, pendant la dernière année, a duré plus que celle de l'adversaire. *Licin. Ruffus lib.*

10, *regularum*. « *Majore parte possedisse quis intelligitur*
» *etiam si duobus mensibus possederit : si modo adversarius*
» *ejus aut paucioribus diebus aut nullis possideret.* » On le
voit d'après ce texte, ces mots *majore parte anni* ne doivent
s'entendre que d'une manière relative, *ab adversario* :
celui-ci n'a-t-il possédé qu'un jour, on aura possédé plus
longtemps que lui, si l'on a possédé trois jours, ou deux
jours seulement. A-t-il possédé un mois, il suffira d'avoir
possédé un mois et un jour pour triompher contre lui dans
l'interdit.

Le but à atteindre est donc d'arriver à une possession
plus longue que celle de l'adversaire ; d'où la conséquence
que la jonction peut exister entre deux possessions, séparées
par la possession de l'adversaire ou d'un tiers.

Cette solution est donnée par la loi 13, § 5 d'Ulpien. D.
(41-2) ; *de acquirenda vel amittenda possessione*.

« Non autem ea tantum possessio testatoris heredi pro-
» dest, quæ morti fuit injuncta : verum ea quoque quæ
» unquam testatoris fuerit. »

Cette décision du jurisconsulte Ulpien ne peut évidemment s'appliquer qu'à notre matière ; elle est en rapport
avec les règles de l'*accessio temporis*, pour l'interdit *utrubi*.
Nous n'insistons pas pour le moment sur cette observation ;
nous aurons à y revenir en comparant les règles de
l'*accessio temporis* de l'interdit *utrubi*, et les règles de
l'*accessio temporis* de l'usucapion.

4° Enfin nous pouvons indiquer comme dernière condition de l'*accessio possessionum*, le lien juridique entre les
possessions de l'auteur et du successeur. On comprendrait
difficilement, qu'il pût en être autrement : si tout possesseur
pouvait joindre à sa possession, la possession d'un précédent propriétaire, on arriverait à cette conséquence, que le

possesseur défendeur à l'interdit *utrubi* et le demandeur pourraient l'un et l'autre invoquer l'*accessio temporis*.

Aussi Gaïus ne permet-il pas d'invoquer dans tous les cas l'*accessio temporis*, mais seulement de demander l'*accessio possessionum*, de celui « quam justum est ei accedere : velut ejus cui heres extiterit, ejusque a quo emerit, vel ex..... » aut donatione acceperit. » G. C. IV, § 151.

Il ne suffit pas même qu'il existe entre les deux possessions un lien juridique, mais il faut que ce rapport juridique ne soit atteint d'aucun vice *ab adversario ;* la matière des donations fournit une application de ce principe. Les Romains, dans les premiers temps, n'apportèrent aucune entrave aux donations ; bientôt la loi *Cincia* fixa un maximum que le donateur ne pouvait pas dépasser ; la donation excessive ne pouvait être ramenée à exécution que dans les limites de la loi. Cependant si le donateur a exécuté sa donation, l'exécution la rend parfaite. Cela est rigoureusement vrai pour les immeubles si la tradition a eu lieu, mais non pas pour les meubles : la tradition faite, on permettait au donateur de ressaisir la possession des meubles entre les mains du donataire, au moyen de l'interdit *utrubi* : dans cette hypothèse, le donataire ne pouvait pas joindre sa possession à celle du donateur, parce que la donation était entachée d'un vice ; l'*accessio* lui était donc refusée, mais seulement vis-à-vis du donateur ; vis-à-vis de toute autre personne, le donataire pouvait profiter de l'*accessio possessionum*, et joindre à sa possession celle du donateur.

La possession, nous l'avons dit, pour être invoquée dans l'interdit *utrubi*, devait être exempte de vices *ab adversario*, n'être exercée *nec vi, nec clam, nec precario* ; la possession ainsi viciée ne l'est que d'une manière relative ; d'où la conséquence que le possesseur triomphera dans l'interdit, bien qu'il n'ait qu'une possession vicieuse, si le vice dont sa possession est atteint, n'existe pas à l'égard de son adversaire.

Pour savoir si une possession est vicieuse, il faut voir l'*initium possessionis* ; et voir à ce moment comment la possession se produit; Primus s'empare-t-il d'un meuble *vi*, ou *clam*, où le possède-t-il au début *precario*, quelque longue que soit sa possession, elle ne sera pas opposable à celui vis-à-vis duquel la possession est vicieuse.

Si ce possesseur transmet la chose ainsi possédée à un tiers, le tiers lui aura-t-il une possession vicieuse, ou une possession exempte de vices; à cet égard, il faut faire une distinction importante : le Droit romain résolvait différemment la question suivant qu'il s'agissait d'un successeur à titre universel, ou d'un successeur à titre particulier ; pour le successeur à titre universel, les Romains admettaient qu'il continuait l'ancienne possession du défunt, et ne devait avoir relativement à cette possession que les droits de l'auteur lui-même ; la possession passait donc à l'héritier *cum suis vitiis.*

Pour le successeur à titre particulier, la solution était différente : la possession est le rapport qui existe entre une personne et une chose ; le pouvoir physique exercé sur une chose par une personne déterminée, avec l'*animus sibi habendi ;* la possession ainsi considérée s'attache à la personne même qui l'exerce, et il est impossible d'admettre que la possession dans cette hypothèse puisse être transmise à autrui. Si donc celui qui possède vend la chose, l'acquéreur commencera une possession nouvelle, distincte de la possession de l'auteur; sans doute, par faveur pour cet acquéreur on lui permettra bien l'*accessio possessionum,* mais la possession par lui commencée sera une possession

toute différente de celle de son vendeur. Cette solution se
comprend très-bien puisque le vice de la possession consiste dans une certaine manière d'être de cette possession,
et, par suite, pour savoir si une possession est vicieuse, il
faut la considérer en elle-même, et non pas en la rattachant
à un autre. Fr. 3, § 10, *uti possidetis*, Ulp. 69, *ad edictum*.
« Non videor vi possidere, qui ab eo, quem scirem vi in
» possessionem esse, fundum accipiam. »

Ces solutions sont confirmées par des textes du Digeste
très-importants et que nous devons mentionner. Fr. 1, § 9
(43. 17); fr. 3, § 10, cod. tit. (43. 17); fr. 6 et 40 (41. 2)
§ 2; fr. 4, § 8 (41. 3).

(Tous ces textes disent formellement que l'on doit, pour
savoir si une possession est vicieuse, la considérer dans son
origine ).

Nous avons mentionné, quant à l'interdit *utrubi*, la modi-
fication de Justinien : pour triompher, il faut, non plus
avoir possédé, pendant la dernière année plus longtemps
que l'adversaire, mais posséder au moment de l'émission
de l'interdit. D'où il suit que l'*accessio possessionum* n'est
plus d'aucune utilité en matière d'interdit *utrubi;* il sem-
blerait logique de conclure de là, que les rédacteurs du
Digeste ont fait disparaître de leur compilation, les textes
qui s'occupaient de l'*accessio possessionis* en matière d'interdit *utrubi;* et que l'on ne peut plus appliquer qu'à la *junctio possessionis ad usucapionem*, les textes du Digeste relatifs
à cette institution : ce serait se tromper étrangement que
de le décider ainsi : il faut reconnaître que beaucoup de
textes des jurisconsultes romains ne peuvent s'appliquer
qu'à l'*accessio* de l'interdit *utrubi;* nous aurons l'occasion
d'en citer quelques-uns, en nous occupant de l'*usucapio;*

nous fournirons, dès à présent, quelques exemples, pour prouver notre asseı.ion.

Le jurisconsulte Scœvola dans la loi 14 (44. 3) suppose qu'un créancier a reçu une chose en gage, et a constitué un nouveau gage sur cette même chose, au profit d'un tiers : et il décide que ce gagiste pourra joindre à sa propre possession celle du constituant primitif. Il ne peut pas être question dans notre texte d'*accessio*, en cas d'usucapion, puisque tout le monde reconnaît que le gagiste ne possède pas *ad usucapionem*, mais peut seulement profiter des interdits possessoires.

Nous citerons encore, pour prouver notre assertion, le fr. 13, § 7 du jurisconsulte Ulpien (44. 2). « Si is qui pre-
» cario concessit, accessione velit uti ex persona ejus, cui .
» concessit, an possit quæritur. Ego puto, eum qui preca-
» rio concessit, quamdiù manet precarium, accessione uti
» non posse; si tamen receperit possessionem, rupto pre-
» cario, dicendum esse, accedere possessionem ejus tem-
» poris, quo precario possidebatur. »

Ulpien se demande, si le concédant peut joindre sa possession à celle du précariste : il y avait précaire à Rome, toutes les fois qu'une personne se faisait donner la possession d'une chose, et promettait de la restituer à première réquisition : il ne pouvait donc pas être question entre ces personnes d'*accessio ad usucapionem*, puisque le précariste n'a pas de *justa causa*, et reconnaît que la chose appartient au *precario danti*.

Le précariste est-il détenteur, ou a-t-il la *possessio ad interdicta?*

La question avait été controversée : mais on était parvenu à déclarer, comme dans le cas de gage, que le préca-

riste aurait la *possessio ad interdicta*, et le *precario dans*
la possession *ad usucapionem*; fr. 15, § 4 (49. 26). Pompo-
nius nous indique la controverse. Cela posé, on arrive
nécessairement à cette conclusion que les rédacteurs du
Digeste n'auraient pas dû insérer la loi 13, § 7 dans le
Digeste : elle ne peut présenter aucun sens utile; elle se
rattache à la théorie ancienne de l'interdit *utrubi*, théorie
que Justinien a fait disparaître.


§ 2.


*Usucapion.*


Toute personne qui possède *justa causa*, et *bona fide*,
peut arriver au *dominium ex jure quiritium* par l'*usucapio*,
si sa possession a duré le temps fixé par la loi (2 ans et
1 an, 10 ans et 3 ans suivant les époques); et même si pendant l'usucapion, le possesseur venait à perdre la possession, il pourrait par l'action publicienne être considéré
comme véritable propriétaire : l'usucapion commencée est
censée achevée, le préteur lui donne le droit de revendiquer
la chose, *in rem publiciana actio.*

Pour arriver à la propriété par usucapion, il faut donc
posséder pendant un certain temps, et d'une manière continue.

Consistant dans le rapport qui lie une personne à une
chose, la possession ne pouvait pas être transmise, elle cessait d'exister, toutes les fois que le possesseur transmettait
la chose par testament ou par contrat.

La possession cessait, l'usucapion était interrompue, et

le successeur, d'après les principes rigoureux, devait commencer une nouvelle usucapion.

Les Romains obvièrent à ces inconvénients, au moyen de la jonction des possessions; sans doute, une nouvelle possession prend bien naissance, mais le titulaire peut joindre sa possession à celle de son auteur, et arriver à l'usucapion.

Pour comprendre les règles de notre matière, il faut distinguer avec soin deux hypothèses :

1° L'auteur laisse des héritiers ou successeurs à titre universel ;

2° Il laisse des successeurs à titre particulier.

### 1° *Successeurs à titre universel.*

Les principes de la matière sont très-simples, et ne donnent lieu à aucune difficulté.

Le § 12 des Institutes de Justinien contient la réponse à notre question : « Diutina possessio, quæ prodesse cœperat » defuncto et heredi et bonorum possessori continuatur, » licet ipse sciat prædium alienum. Quod si ille initium » justum non habeat, heredi et bonorum possessori, licet » ignoranti, possessio non prodest. »

Le principe général qui ressort de notre paragraphe, c'est que la possession du défunt se continue dans la personne de ses héritiers ; elle leur arrive avec les vices et les qualités qu'elle présentait chez le défunt.

D'où deux conséquences importantes : le défunt ne pouvait-il pas arriver à l'usucapion, les successeurs universels qui le représentent ne le pourront pas plus que lui ; on fait abstraction de leurs personnes d'une manière absolue ; on admet l'usucapion ou on la rejette comme si le défunt avait continué à posséder lui-même.

Au contraire, le défunt était-il *in causa usucapiendi*, les successeurs à titre universel pourront toujours arriver à l'usucapion.

Reprenons en détail chacune de ces deux hypothèses ·

§ *a.*

*Le défunt ne pouvait pas arriver à l'usucapion.*

L'hypothèse dans laquelle il faut se placer pour l'application des règles de l'*accessio possessionum* est la suivante : le défunt possède une chose *injustè*; son héritier prend la possession de cette chose, sans qu'il y ait *interruptio possessionis;* que faut-il décider? L'héritier ne pourra pas invoquer la possession de son auteur, puisque ce dernier lui-même ne pouvait pas l'invoquer, le successeur ne peut pas avoir plus de droit que l'auteur; mais pourra-t-il laisser de côté la possession de son auteur et n'invoquant que sa propre possession arriver à l'usucapion? Les jurisconsultes romains ne l'ont pas voulu, ils ont considéré la possession du défunt comme se continuant dans la personne de l'héritier, avec ses défauts et qualités. Il faut donc, pour apprécier cette possession, remonter à l'*initium possessionis*; or, cet *initium* se trouve dans la personne du défunt et puisqu'il est infesté d'un vice, il empêche l'usucapion. Cette solution est donnée par plusieurs textes du Droit romain, § 12, Ins. (2. VI). Dig. fr. 15 (44. 3), fr. 11 (44. 3), C. 11, C. (7. 32) *Vitia possessionum a majoribus contracta perdu-*

*rant : et successorem auctoris sui culpa comitatur.* C. IV.
7. 29.

## § *b.*

*L'auteur était de bonne foi et in causâ usucapiendi.*

A cet égard, la solution donnée est que le successeur
pourra toujours arriver à la propriété par usucapion ; on
considère, en effet, le successeur comme continuant la
possession de l'auteur ; elle passe de la personne de ce
dernier au successeur avec les vices et les qualités qu'elle
avait chez l'auteur lui-même ; le successeur est-il de mauvaise foi, peu importe, on n'en tiendra aucun compte, il
arrivera à la propriété ; l'auteur lui a transmis le droit à la
possession et il continue à posséder comme l'auteur possédait lui-même. Pour que cela soit possible, il faut que
personne n'ait possédé entre le défunt (auteur) et le successeur. Les principes généraux donnent cette solution :
l'usucapion n'existe que tout autant que l'on a possédé la
chose, à juste titre et de bonne foi, d'une manière continue
pendant le temps fixé pour arriver à la propriété (1) ; or,
puisque nous admettons que le successeur continue la
personne du défunt plutôt qu'il ne joint sa propre possession à celle du défunt, nous devons admettre que si
quelqu'un a pris possession de la chose entre la mort du
*de cujus* et la possession de l'héritier, il y aura nécessairement interruption d'usucapion, et par suite l'*accessio possessionum* sera impossible. Des textes formels nous donnent

(1) Fr. (41. 3), 31, § 5 (41 3).

le principe général et nous en trouvons les conséquences dans d'autres textes.

*Possessio testatoris ita heredi procedit, si medio tempore à nullo possessa est,* nous dit Javolenus, *libro 4 epistolarum.* Si un tiers eût pris possession de la chose, la *possessio de l'heredis* et du *defuncti* ne serait plus continuée et l'usucapion ne pourrait pas se produire.

Même solution, fr. 6, § 2 (41. 4).

Les conditions de l'*accessio temporis* sont les suivantes :

1° Que personne n'ait possédé entre la possession du défunt et la prise de possession de l'héritier ;

2° Que le défunt ait possédé ;

3° Que l'héritier possède.

Pour que la *continuatio possessionis* ait lieu, il faut que personne n'ait possédé entre les possessions du défunt et de l'héritier. La seconde est que le défunt ait possédé : puisqu'il s'agit de continuer la possession , il faut nécessairement que cette possession ait commencé et cette solution résulte des principes généraux du Droit romain ; pour demander la continuation de la possession , il faut que l'auteur ait eu cette possession lui-même; que si, dans cette hypothèse, le successeur recevait la possession de la chose achetée par le défunt, il pourrait bien arriver à la propriété par usucapion, mais il ne pourrait invoquer, pour cela, que sa possession ; d'où la conséquence qu'il faudrait voir s'il a un juste titre, s'il est de bonne foi, et savait-il, par exemple, que le défunt avait acheté la chose d'autrui lorsqu'il a pris possession de la chose vendue, il n'arriverait pas à la propriété, il est de mauvaise foi. Cette solution nous est formellement donnée par un texte de Papinien du livre 22 de ses *Questions* : fr. 43. prin. (41. 3). « heres » ejus qui bona fide emit, usu non capiet sciens alienam,

» si modo ipsi possessio tradita sit : continuatione vero
» non impedietur heredis scientia. » La même solution
devrait être donnée dans l'hypothèse où une possession
intermédiaire serait intercalée entre les possessions de
l'héritier et du défunt : la possession de l'auteur ne pouvant
servir à rien à l'héritier, celui-ci ne peut invoquer que sa
propre possession et par suite, pour examiner la bonne foi
de l'héritier, il faut se placer à l'*initium* de sa propre possession ; est-il de mauvaise foi à ce moment, il ne pourra
pas *usucaper* (arg. anal. du fr. 43 (41. 3) : au contraire,
s'il n'y avait pas eu interruption de possession, la mauvaise
foi de l'héritier ne l'aurait pas empêché d'arriver à l'usucapion § 12, *in* (2. 6), *in principio*, et fr. 2, § 19 (41. 4).
« Si defunctus bona fide emerit, usucapietur res, quamvis
» heres scit alienam esse. » (Paul).

Enfin, une troisième condition est nécessaire à la *continuatio possessionis*, que l'héritier lui-même possède : ce
principe n'est que la conséquence d'un principe général,
à savoir que, pour demander la *continuatio possessionum*, il
faut posséder soi-même.

Ce principe est formellement consacré par la loi 23
Digeste (41. 2). Le jurisconsulte Javolénus, lib. I, *Epistolarum*, compare l'effet de la transmission héréditaire,
quant aux biens et quant à la possession, et il s'exprime
ainsi : « Cum heredes instituti sumus, adita hereditate,
» omnia quidem jura ad nos transeunt : possessio tamen,
» nisi naturaliter comprehensa, ad nos non pertinet. »

Ces principes devaient probablement s'appliquer dans
les premiers temps du droit romain ; ils produisaient un
inconvénient grave : la succession dans cette législation
n'était pas la propriété des héritiers externes du jour de
l'ouverture ; ils devaient, pour l'acquérir, faire adition

d'hérédité ; or, qu'arrivera-t-il des droits du défunt pendant ce *vacuum tempus* ; le défunt a disparu et l'héritier
n'est pas encore propriétaire : de là, deux fictions admises
par les jurisconsultes romains. Par l'une d'elles, la succession vacante représente la personne du défunt ; tant que
la succession est *vacua*, le défunt est réputé vivant ; par
l'autre, l'héritier qui a fait adition est réputé héritier
du jour de l'ouverture même de la succession et propriétaire de tout ce qui avait appartenu au défunt lui-même.

Dans notre hypothèse on admit que l'esclave héréditaire
qui possédait une chose héréditaire, posséderait pour le
compte de l'héritier et que l'usucapion s'accomplirait même
avant l'*aditio hereditatis* ; on fit bientôt un pas de plus et on
admit que, lors même que personne ne posséderait pour
le compte de l'hérédité jacente, la possession pourrait
continuer et permettre l'usucapion.

La mort du possesseur n'interrompra l'usucapion que
tout autant qu'un tiers possédera la chose possédée par le
défunt ; dans le cas contraire, l'usucapion continuera et
l'héritier pourra invoquer cette usucapion, bien qu'il n'ait
pas lui-même possédé.

De nombreux textes des jurisconsultes romains confirment ces principes ; nous citerons les principaux.

Fr. 23, (41. 2). — Fr. 30, (4. 6) ; fr. 31, § 5 et 40, (41.
3) ; 44, § 3 (41. 3). — Fr. 7 (41. 4), fr. 2, § 18 (41-4).

Par successeur à titre universel, il faut entendre toute
personne qui succède à l'*universum jus defuncti*, par testament, ou *ab intestat*, en vertu du droit civil, du droit pré-
torien, ou du droit impérial ; fr. 2, § 19 (41. 4) ; fr. 14, § 1
(44. 3). Que faut-il décider pour les légataires ? Faut-il
en matière d'accession, les assimiler à des héritiers ? Ou bien
les considérer comme des successeurs à titre particulier ?

La difficulté a été soulevée par la loi 14, § 1 d'Ulpien (41.3).
« In re legatâ, in accessione temporis, qua testator posse-
» dit, legatarius quodammodo quasi heres est. »

On pourrait induire de ces textes, que l'on a voulu assimiler à l'héritier le légataire, et le considérer comme continuant la possession du défunt. Cependant, cette opinion
n'est pas admissible ; le légataire n'est qu'un successeur à
titre particulier ; on ne comprendrait pas pourquoi on le
considérerait, comme continuant la possession du défunt :
du reste, des textes nombreux contrediraient cette manière
de voir, et, parmi eux, un texte du jurisconsulte Ulpien
frag. 5, (44-3), qui assimile complètement le légataire aux
successeurs particuliers.

Quant à la loi 14, § 1, elle fait probablement allusion au
droit au légataire de joindre à sa possession, celle du
défunt et de l'héritier, et Ulpien a voulu dire dans notre
loi qu'on devait considérer le légataire, comme possédant
par l'héritier. Arg. fr. 13, § 10, (41.2) (1).

2°

*Successeur à titre particulier.*

Les successeurs à titre particulier reçoivent une chose
déterminée de l'auteur, mais sans continuer la personne de
ce dernier, quelle est leur position, l'acquisition faite? La
propriété de la chose vendue ou donnée passe sur leur tête,
si l'auteur était propriétaire de la chose et capable de

(1) Wangerow, lehrbuch, 7e édit.

l'aliéner, dans le cas contraire, l'auteur étant *non dominus* de la chose aliénée, le successeur à titre particulier sera *in causâ usucapiendi*, s'il est de bonne foi et s'il possède en vertu d'un juste titre.

L'auteur pouvait être lui-même *in causa usucapiendi*, et avoir possédé la chose; cette possession de l'auteur ne servira-t-elle de rien au successeur à titre particulier?

Un premier point hors de doute dans notre matière, est l'intransmissibilité de la possession : la possession nous l'avons définie : « Un rapport de fait entre une personne » et une chose, avec *animus sibi habendi*; » il est évident que le vendeur ne peut pas transmettre sa possession à son acquéreur ; le rapport de fait qui existait entre lui et la chose s'éteindra par la tradition à l'acquéreur, mais l'acquéreur n'aura pas acquis la possession de l'auteur.

L'acquéreur peut seulement commencer une possession nouvelle *ad usucapionem*, s'il est de bonne foi et s'il a un juste titre.

En pratique, cette solution va présenter de graves inconvénients ; pour les faire bien comprendre, prenons l'espèce suivante.

Primus possédait *bona fide* et *justo titulo* la chose d'autrui, et avait déjà possédé 7 ans ; il vend ou donne cette chose à Secundus, qui la possède lui-même *justo titulo* et *bona fide*. Secundus n'est pas propriétaire, puisque son auteur ne l'était pas lui-même; en outre il n'a pas reçu la possession et, par suite, il a commencé une possession nouvelle, qui lui permettra d'arriver à l'usucapion s'il est dans les conditions voulues pour usucaper, mais il faudra dans ce cas posséder 10 ans.

S'il pouvait invoquer le bénéfice de la possession de son auteur, il n'aurait qu'à posséder 3 ans, et compléter le

temps qui manquait à ce dernier pour usucaper. Cet avantage de joindre sa possession à celle de l'auteur, a été
accordé au successeur à titre particulier. « Inter venditorem
» quoque et emptorem conjungi tempora divi Severus et
» Antoninus rescripserunt » § 13, (2. 6), Instit. Il ne faudrait pas croire que l'*accessio possessionum* n'a lieu qu'en
matière de vente, elle se présente toutes les fois qu'une
personne succède à une autre, à titre particulier. Par
exemple, dans l'hypothèse de la donation : le donataire
pourra joindre sa possession à celle de l'auteur ; dans les
cas de legs, le légataire joindra sa possession à la possession du défunt.

Cette *accessio possessionum* était commandée par un
intérêt pratique considérable ; et il était juste de l'accorder :
lorsque un acte juridique intervient entre deux personnes,
que l'une d'elles veut devenir propriétaire de la chose de
l'autre, et que cette dernière y consent ; il résulte de l'interprétation de la volonté des parties, que l'acquéreur veut
entrer dans tous les droits de son vendeur, relatifs à la
chose vendue, et il faut lui permettre d'invoquer tous les
avantages que le vendeur lui-même pouvait invoquer.

En un mot, l'acquéreur dans la vente, le donataire dans
la donation, veulent entrer au lieu et place du vendeur et
du donateur, et avoir sur la chose, objet du contrat, les
droits les plus étendus, tous les droits de leur auteur.

Aussi le jurisconsulte Scævola dit-il, *de accessionibus possessionum* : « *nihil in perpetuum, neque generaliter definire*
» *possumus, consistunt enim in sola æquitate.* » Fr. 14 (44. 3).
Tel est le principe qui a fait admettre l'*accessio possessionum*
dans le cas de succession à titre particulier, et c'est encore
ce principe qui doit guider dans la discussion des questions
que notre matière peut soulever.

3

Les jurisconsultes romains ont pris pour guide de leurs décisions l'équité seule ; la théorie s'est formée peu à peu. Nous allons rattacher toutes ces décisions à des principes de solution, et rechercher dans le rapprochement des textes la théorie romaine.

Il y aura lieu à *accessio possessionum*, pour arriver à l'usucapion, entre l'auteur et le successeur à titre particulier, lorsque nous nous trouverons en présence des cinq conditions suivantes :

1° Que la chose soit susceptible d'être *usucapée ;*

2° Que le successeur possède *justo titulo* et *bona fide ;*

3° Que l'auteur fût lui-même *in causa usucapiendi ;*

4° Qu'il existe entre les possessions que l'on veut joindre une relation juridique ;

5° Et enfin que nul n'ait possédé dans l'intervalle des deux possessions.

1°

*La chose doit être susceptible d'usucapion.*

Cette première condition ressort de la nature même des choses. Le successeur à titre particulier veut arriver à la propriété par usucapion au moyen de l'*accessio possessionum* en joignant sa possession à celle de l'auteur : mais la première question à se poser est de voir si la chose est susceptible d'usucapion.

La chose est vicieuse dans trois hypothèses : lorsqu'elle est *res furtiva*, lorsqu'elle est possédée avec violence, lorsqu'elle est *res fisci*.

Dans toutes ces hypothèses, et principalement dans les deux premières, l'auteur du vol et de la violence ne peut pas être *in causa vsucapiendi*, et comme le vice de la chose le suit dans toutes les mains où elle passe, l'acquéreur à titre particulier et de bonne foi ne pourra pas lui-même arriver à l'usucapion. Incapable d'arriver à la propriété au moyen de sa possession, il n'a pas à invoquer l'*accessio possessionum* : joindre sa possession à celle de l'auteur, ne lui serait d'aucune utilité.

Nous n'aurions pas fait de cette circonstance une condition particulière ; nous pouvions faire rentrer cette solution dans les 2e et 3e conditions

Nous avons préféré séparer ce cas des deux suivants, et comparer dans notre hypothèse les règles de l'*accessio possessionum*, en matière d'interdit et en matière d'usucapion.

Prenons l'hypothèse d'un meuble volé ou possédé *vi*.

Le possesseur vend ce meuble à un tiers (*bona fide* et *justa causa*) ;

Ce dernier ne pourra pas lui-même par sa possession, arriver à la propriété par usucapion ; la chose possédée est vicieuse, et il ne lui servirait de rien d'invoquer l'*accessio possessionum*.

Cependant, il pourra invoquer l'*accessio possessionum* en matière d'interdit, et joindre alors sa possession à celle de l'auteur.

Par exemple un tiers, autre que le véritable propriétaire dépouillé, intente contre l'acquéreur, l'interdit *utrubi ;* ce dernier pourra parfaitement invoquer sa propre possession et de plus joindre sa possession à celle de son auteur ; en matière d'interdit, la possession peut être invoquée bien que vicieuse, pourvu que le vice n'existe pas au regard de celui à qui on l'oppose. Vis-à-vis du propriétaire lui-même, l'acquéreur pourra opposer sa possession ; les vices de la possession en matière d'interdit ne sont que relatifs.

En résumé, nous arrivons pour notre hypothèse, aux solutions suivantes :

L'acquéreur, *bona fide*, *justo titulo*, peut opposer sa possession au propriétaire dépouillé *vi*, et triompher dans l'interdit *utrubi*. Vis-à-vis de toute personne autre que le propriétaire, il peut joindre à sa possession celle de son auteur : la possession de l'auteur ne sera pas vicieuse *ab adversario*.

Pour usucaper, il ne pourra pas invoquer sa possession, même *bona fide* et *justo titulo* (la chose ne peut pas être usucapée), et il ne lui servirait de rien d'avoir l'*accessio possessionum*.

### 2°

*Le successeur doit posséder ad usucapiendum (bona fide, justo titulo).*

Lorsque la chose n'est pas vicieuse, le possesseur *justa causa et bona fide* peut arriver à la propriété, en possédant le temps voulu pour l'usucapion ; la loi lui fait une faveur et lui permet, pour n'avoir pas à posséder si longtemps, de joindre sa possession à celle de l'auteur, et arriver ainsi dans un temps plus court à la propriété romaine. Un grand nombre de textes posent ce principe général, que le successeur à titre particulier, qui sait que la chose n'appartient pas à son auteur, ne pourra pas arriver à la propriété romaine par usucapion : l'un des éléments de l'usucapion lui fait en effet défaut, la *bona fides* ; or, qu'est-ce que l'*accessio possessionum?* c'est une faveur de la loi au moyen de laquelle celui qui possède, pour abréger le temps de sa possession, peut parfaitement joindre sa possession à celle de l'auteur ; d'où la conséquence que tout successeur à titre particulier qui ne peut pas lui-même arriver à la propriété par usucapion, ne pourra pas invoquer l'*accessio possessionum.*

Plusieurs textes confirment ces solutions ; nous ne citerons que les principaux.

*Paulus,* lib. 3 *ad Sabinum,* fr. 16 (44. 3) s'exprime de la manière suivante : « Accessio sine nostro tempore nobis » prodesse non potest, et Paul liv. 54, ad edictum fr. 2, » § 17 (41. 4) : Si eam rem, quam pro emptore usucapiebas, » scienti mihi alienam esse vendideris : non capiam usu. » De ces textes combinés il résulte que celui-là qui a commencé à posséder de mauvaise foi, ne peut pas arriver à l'usucapion, et que celui qui invoque l'accession des possessions doit posséder, fr. 15 § 1 *in fine* (44. 3). Nec ei, qui « non possidet, auctoris possessio accedere potest. » Or l'accession ayant son fondement dans l'équité, il est certain que celui qui ne pourrait pas arriver lui-même à la propriété par sa possession, ne pourra pas en joignant sa possession à celle de son auteur arriver à la propriété : le texte dit formellement *non capiet usu,* pas plus en invoquant sa possession que celle de son auteur.

La possession seule donne droit d'invoquer l'*accessio possessionum* des auteurs ; aussi dans l'hypothèse où une même personne aurait successivement vendu la chose à deux acheteurs et aurait fait la tradition à l'un d'eux, l'*accessio* profiterait seulement à ce dernier : lui seul possède, lui seul peut invoquer l'*accessio possessionum.* Fr. 6 (44. 3), Africain *in principio.*

En matière d'interdit les solutions auraient été différentes, parce que les conditions de la possession sont différentes : tandis que pour usucaper il faut être de bonne foi et posséder à juste titre ; pour invoquer les interdits il faut seulement avoir possédé, c'est-à-dire avoir le *corpus* et l'*animus sibi habendi*. d'où la conséquence que l'acquéreur, même de mauvaise foi, pourra invoquer la possession de son auteur et la sienne propre, pour triompher dans l'interdit, et le possesseur *ad interdicta* jouira des mêmes avantages. Tel est le cas prévu par le fragment 14, § 3 (44. 3). Scævola lib. V, *quæstionum publicè tractatarum* : « Et si mihi pignori » dederis, et ego eamdem rem alii pigneravi : meus credi- » tor utetur accessione tui temporis, tam adversus extra- » neum, quam adversus te ipsum, quamdiu pecuniam » mihi non exsolveris : nam qui me potior est, cum ego te » superaturus sim, multo magis adversus te obtinere debet ; » sed si pecuniam mihi solveris, hoc casu accessione tua » non utetur. »

Ce texte, pour être bien compris, doit être examiné de près : de quoi s'agit-il ? D'une question d'*accessio possessionum* ; mais nous trouvons-nous en présence d'une question d'*accessio* relative à l'usucapion ou bien relative à l'interdit ? La dernière solution me paraît seule soutenable : comment comprendre qu'il pût s'agir d'une *accessio possessionum* en matière d'usucapion, puisqu'il s'agit d'un créancier gagiste et que le créancier gagiste ne reçoit du constituant que la *possessio ad interdicta* et est nécessairement de mauvaise foi : aussi nous semble-t-il certain que ce texte s'occupe d'une question d'*accessio possessionum*, d'interdit *utrubi*, et s'il en est ainsi ce texte n'aurait pas dû trouver place dans la compilation justinienne, puisque les interdits *utrubi* et *uti possidetis* ont été placés sur la même ligne. et l'on ne considère plus que la possession au moment même de l'interdit.

Nous nous trouvons donc en face d'une question d'*accessio possessionum* en matière d'interdit *utrubi*. Cela posé, étudions le texte en lui-même; quelle est l'hypothèse? Primus a constitué un gage sur sa chose, au profit de Secundus gagiste, et ce dernier est devenu constituant vis-à-vis d'un tiers. Ce tiers est dépossédé: il pourra invoquer la possession de Secundus et de Primus; il est acquéreur à titre particulier, tient la possession *ad interdicta* de Secundus, qui la tenait de Primus et par suite vis-à-vis d'un *extraneus*, il pourra invoquer ces possessions ; mais *quid juris* vis-à-vis du premier constituant Primus ; pourra-t-il pour conserver la possession invoquer la possession de Primus lui-même? Le texte fait une distinction : Primus a-t-il payé ou non Secundus? Dans le premier cas, l'*accessio* ne serait pas possible, elle le serait dans le second : cette solution est conforme aux principes : le gagiste vis-à-vis du constituant Primus ne pouvait pas conserver la possession, la dette principale ayant été payée. Comment le tiers gagiste de Secundus pourrait-il avoir plus de droit que Secundus lui-même? D'où la solution du jurisconsulte Scævola : la dette ayant été payée, le second gagiste ne peut pas, contre le constituant, se servir de la possession de ce dernier , mais il le pourrait vis-à-vis d'un étranger.

En résumé donc : l'acquéreur à titre particulier de bonne foi et *justa causa*, commence une usucapion nouvelle qui le conduira à la propriété; de plus, il peut demander l'*accessio possessionum* ; l'acquéreur à titre particulier de mauvaise foi peut invoquer la possession pour triompher dans l'interdit, et même s'il s'agit d'un objet mobilier, joindre sa possession à celle de l'auteur, pour triompher dans l'interdit *utrubi*. Il n'a pas l'*accessio ad usucapionem*.

### 3°.

Que l'auteur possédât *justa causa* et *bona fide*.

Cette troisième condition de l'*accessio possessionum ad usucapionem*, est basée sur un principe d'équité : le possesseur, *in causâ usucapiendi*, acquéreur à titre particulier, peut commencer une usucapion nouvelle dès sa prise de possession ; il demande à joindre sa possession à celle de son auteur. L'équité veut que cela ne soit possible que lorsque l'auteur était lui-même *in causâ usucapiendi*, et, en effet, comment l'acquéreur aurait-il plus de droit que son auteur ; l'auteur ne pouvait pas arriver à la propriété par usucapion, comment le successeur pourrait-il dans ce but invoquer la possession de l'auteur lorsque l'auteur lui-même n'aurait pas pu l'invoquer ?

Nous savons que la solution serait différente, si l'*accessio possessionum* était demandée pour triompher dans l'interdit : alors le successeur pourrait toujours joindre sa possession à celle de l'auteur, pourvu que ce dernier ne possédât, *nec vi, nec clam, nec precario ab adversario*.

Nous faisons remarquer, en outre, que la différence capitale, entre les successeurs à titre particulier et à titre universel, se montre principalement dans notre hypothèse ; nous avons, en effet, un auteur de mauvaise foi qui ne peut pas arriver à la propriété romaine par usucapion, son successeur à titre universel continue sa possession ; d'où la conséquence, que jamais il ne pourra arriver à la propriété. On examine l'*initium possessionis*; or, l'*initium* est *mala fide*; le successeur à titre particulier au contraire commence une possession nouvelle tout-à-fait distincte de celle de l'auteur; sans doute, il ne pourra pas invoquer l'*accessio possessionum* dans le cas qui nous occupe, mais au moins pourra-t-il, en commençant une usucapion nouvelle, arriver à la propriété romaine (1).


4°.


### Les deux possessions doivent avoir entr'elles une relation juridique.


Les possessions que l'on veut joindre l'une à l'autre doivent avoir une relation juridique entr'elles : ce principe ressort de la nature même de l'*accessio temporis*; le méconnaître serait permettre au possesseur actuel de pouvoir triompher contre toute personne, car il pourrait joindre sa possession à celle de tout précédent possesseur.

D'un autre côté on invoque la possession d'autrui; l'équité nous dit que pour cela il faut succéder à ses droits, ce qui ne peut arriver que lorsqu'on lui succède soi-même, soit à titre universel, soit à titre particulier.

Deux textes du Digeste confirment pleinement cette solution, ils prévoient tous deux la même hypothèse : le

----

(1) Fr. 37 (19. 1). Fr. 13, § 1. Fr. 13 (41. 2) Fr. 5. *de div. temp. præs.* (44. 3).

C. uni. C. *de usucap. trans.*

Fr. 127 (50. 17).

vendeur, après avoir livré la chose vendue, acquiert de nouveau la possession de la chose ; cette possession , l'acquéreur ne pourra pas l'invoquer et la joindre à la sienne propre : il n'y a entre elles aucune relation juridique. Fr. 15, § 5, Venulejus. « Hæ autem accessiones non tam » latè accipiendæ sunt, quam verba earum patent : ut, » etiamsi post venditionem traditionemque rei traditæ » apud venditorem res fuerit, proficiat id tempus emptori ; » sed illud solum, quod antè fuit, licet venditionis tempore » eam rem venditor non habuerat. » Ce texte contient la consécration de notre principe ; cependant nous ne pouvons pas l'appliquer à la théorie de l'*acccessio possessionum ad usucapionem acquirendam* : cette loi de Venulejus, relative aux interdits comme l'indique la suscription elle-même, ne peut s'appliquer à l'*accessio temporis ad usucapionem*, mais seulement à l'*accessio ad interdictum :* elle suppose, en effet, que le vendeur n'avait pas la possession au moment de la vente, et cependant l'acquéreur pourra se servir de la possession du vendeur ? Qu'est ce à dire ? Qu'il pourra l'invoquer pour arriver à obtenir une possession plus longue que l'adversaire dans l'année ; mais non pas à obtenir l'usucapion, puisque la possession a été interrompue. Nous ne pouvons donc induire de ce texte qu'une seule chose à savoir : que pour l'*accessio* dans l'interdit *utrubi*, on ne pouvait joindre que les possessions qui avaient entre elles une relation juridique.

Notre principe s'applique aussi en matière d'*accessio ad usucapionem*, comme cela ressort d'un passage d'Ulpien, lib. 13, *ad Plautium*, fr. 14 (41.3). « Id tempus venditio- » nis prodest emptori, quo, antequam venderet, possedit : » nam si postea nactus est possessionem venditor, hæc pos- » sessio emptori non proficiet. » Ce texte, placé au titre

de *usucapionibus et usurpationibus*, s'applique nécessairement à notre matière, et nous prouve d'une manière certaine que dans l'*accessio temporis ad usucapionem*, comme
dans l'*accessio ad interdicta*, les possessions que l'on veut
joindre ensemble doivent présenter entr'elles un rapport
juridique.

On avait discuté la question de savoir si l'on pouvait
joindre les possessions dans l'hypothèse suivante : Primus
a vendu à Secundus et lui a livré la possession, mais la
vente est faite sous condition résolutoire ( à *remeré*, par
exemple). La vente étant résolue par suite de la réalisation
de la condition, Secundus restitue la possession à Primus :
ce dernier, poursuivi par l'action en revendication, pourra-
t-il joindre à sa possession celle de Secundus et arriver
ainsi à l'usucapion ? La question avait été controversée
entre les jurisconsultes : la question de douter vient de ce
que l'on pourrait dire, il n'y a pas lien juridique entre la
possession de Secundus et de Primus, il y a résolution d'un
droit par ce dernier concédé : cette manière de raisonner
n'a pas été approuvée et ne pouvait pas l'être : et le raisonnement suivant des jurisconsultes a fait adopter l'opinion contraire : si entre Primus et Secundus fût intervenue
une vente pure et simple, et non pas une vente condition-
nelle ; que plus tard Secundus eût revendu à Primus
l'objet et lui en eût fait tradition : évidemment l'*accessio*
serait possible dans notre hypothèse, et Primus en joignant à ses deux possessions la possession de Secundus
triompherait dans l'action en revendication, s'il parve-
nait à faire une possession suffisante. Cette solution nous
est donnée par Ulpien (1) qui nous rapporte la contro-

(1) Fr. 13, § 2 (41. 2).

verse des jurisconsultes ; par Africain (1) et par Javolenus (2).

Dans le même ordre d'idées, nous devons nous poser la
question de savoir si l'usucapion est possible, au moyen de
l'*accessio temporis*, pour celui qui possède en vertu d'un ordre
du juge : peut-il joindre à sa possession, la possession de
celui que la sentence a dépossédé ?

L'affirmative semble certaine au premier abord ; le fr. 13,
§ 9 (41. 2) d'Ulpien semble en consacrer formellement
l'application : « Si jussu judicis res mihi restituta sit :
» accessionem esse mihi dandam placuit. » Nous pensons,
en effet, qu'il faut admettre cette solution, mais avec quelque tempérament ; parcourons successivement l'hypothèse
de l'*accessio*, dans l'interdit *utrubi* et dans l'usucapion.

Dans l'interdit *utrubi*, pour joindre les possessions l'une
à l'autre, nous l'avons admis tout à l'heure, il faut que les
deux possessions aient entr'elles un rapport juridique, une
certaine relation : dans notre espèce, en vertu du jugement,
le possesseur a restitué la possession au demandeur ; nous
reconnaissons bien qu'il n'a fait cela que contraint et forcé,
mais il n'en résulte pas moins de là que la relation juridique entre les deux possessions subsiste ; et, comme la plupart du temps, le possesseur possédait le meuble, *cum
animo sibi habendi*, l'*accessio possessionis* sera toujours possible.

Que décider, pour l'*accessio possessionum*, en matière
d'usucapion ?

Tribonien avait supprimé, pour obtenir gain de cause
dans l'interdit *utrubi*, la nécessité d'avoir possédé plus
longtemps que son adversaire, pendant la dernière année :

(1) Fr. 6, § 1 (44. 3).
(2) Fr. 19, (41. 3).

d'où la disparition du Digeste des textes qui s'appliquaient spécialement à cette *accessio*; et si quelques-uns de ces textes se rencontrent encore dans le *corpus juris*, fr. 13, (41. 2), par exemple, nous devons en tirer cette conséquence, que Tribonien a voulu appliquer les mêmes principes à l'*accessio possessionum ad usucapionem acquirendam.*

Aussi, croyons-nous qu'il est impossible de soutenir en présence du § 9, fr. 13 (41. 2) que l'*accessio* soit refusée à celui qui possède, et à qui la possession a été livrée en vertu d'un jugement.

La solution de principe ainsi admise, faudra-t-il reconnaître dans tous les cas l'*accessio possessionum?*

La réponse à cette question présente quelques difficultés et se rattache à la grande question de savoir, si le jugement peut servir de juste cause à l'usucapion; sans entrer dans la discussion de ce point important, nous nous bornerons à dire que la négative nous paraît plus conforme aux principes : le jugement ne peut pas créer la *justa causa possessionis;* et celui qui aura obtenu la possession *judicati causa* continuera de posséder suivant le titre antérieur. D'où la conséquence que l'*accessio possessionis*, en vertu du jugement, ne devrait être admise, d'après nous, que si les autres conditions se trouvaient remplies; par exemple, nous l'admettrions dans l'hypothèse suivante : Primus est propriétaire de l'immeuble A, et l'a acquis *per donationem* du véritable propriétaire; Secundus l'a acquis plus tard d'un non *dominus justa causa* et *bona fide;* Secundus possède *ad usucapionem;* Primus obtient contre lui le délaissement de l'immeuble, pourra-t-il joindre sa possession à celle de Secundus (1)? La solution affirmative nous paraît

____

(1) On peut se demander à quoi dans cette espèce sert l'*accessio*, puisque la donation a été faite par le *dominus;* cependant elle sera utile à

certaine; le jugement n'a donné à Primus aucune *justa
causa*, il n'a fait que la confirmer dans sa personne ; Primus possède donc *ad usucapionem*, Secundus possédait lui-
même *ad usucapionem*, et la relation juridique étant établie
entre les deux possessions par le jugement, il en résulte
que l'*accessio* est possible.

Si celui qui possède *judicati causa* n'avait pas une juste
cause à invoquer, l'*accessio* ne serait pas possible, d'après
notre opinion : le jugement ne lui donne pas une juste
cause, et l'*accessio* n'étant possible qu'entre deux possessions suffisantes à arriver à l'usucapion, n'est pas admissible dans notre hypothèse.

Il faut une relation juridique entre les diverses possessions que l'on veut joindre. Toutes les possessions qui
remplissent ces conditions peuvent faire l'objet de l'*accessio* :
par exemple, dans le cas de ventes successives, le dernier
acquéreur pourra non-seulement invoquer la possession de
son auteur, mais encore des auteurs précédents : solution
donnée par plusieurs textes. La loi 15, § 1 de Venuleius
(44. 3), « accessio possessionis sit, non solum temporis,
» quod apud eum fuit, unde is emit : sed et qui ei vendidit,
» unde tu emisti... » et fr. 6 (44. 3), Africain... « Denique
» et si quam rem tibi vendiderim, rursus a te emam, et
» Titio vendam : Et meam omnem et tuam possessionem
» Titio accessurum... »

Ces principes nous permettent de trouver un intérêt
pratique (1) à l'ancienne théorie des jurisconsultes romains,

Secundus pour le dispenser dans l'action en revendication qu'il voudrait
intenter, de faire la preuve de la propriété du donateur; l'intérêt existerait certainement, si la donation émanait d'un non *dominus*.

(1) Il y avait encore intérêt à cette distinction, suivant que les choses
étaient *mancipi* ou *nec mancipi*.

dont le §.47 (2. 1) contient encore la trace : quand on abandonnait un objet (*derelictio*), restait-on propriétaire jusqu'à la prise de possession, ou bien perdait-on immédiatement la propriété ?

Dans la première opinion, on conservait la propriété jusqu'à la prise de possession nouvelle ; on pouvait dire, jusqu'à un certain point, que le propriétaire avait livré la chose à la personne qui s'en emparerait ; et cette volonté permettait la jonction des possessions, *ad usucapionem*.

Dans la seconde opinion, on perd immédiatement la propriété et la possession ; et celui qui s'emparera de la chose ne pourra pas joindre sa possession à celle du précédent propriétaire.

L'*accessio* ne servira à rien, dans le cas où le *derelinquens* avait la propriété, mais sera très utile si nous supposons le *derelinquens* non propriétaire, seulement possesseur de bonne foi.

3°

### Que nul n'ait possédé dans l'intervalle.

Enfin la dernière condition, pour que l'*accessio possessionum ad usucapionem acquirendam* soit possible, est la conjonction des possessions ; toute possession intermédiaire rendrait l'*accessio* impossible. Cette solution ne présente rien d'extraordinaire : que veut celui qui demande l'*accessio possessionum* ? arriver à l'usucapion ; s'il avait possédé tout seul, il aurait dû posséder le temps voulu pour l'usucapion, et *continuo*; l'*accessio possessionis auctoris* ne constitue pour lui une faveur, qu'en ce qu'elle lui permet de n'avoir pas à posséder le temps fixé; en joignant la possession à celle de son auteur, il arrivera à l'usucapion. Si un tiers avait possédé dans l'intervalle, la *conjunctio* serait impossible; la possession serait interrompue.

Cette solution nous est indiquée par le fr. 15, § 1 (44. 3) dont nous avons cité le texte plus haut; après avoir dit que le possesseur, dans le cas de ventes successives, pouvait joindre sa possession à celle de tous les vendeurs, apporte la restriction suivante : « Sed si medius aliquis ex » auctoribus non possederit, præcedentium auctorum pos- » sessio non proderit, quia conjuncta non est... » Le motif de cette disposition est basé sur la continuité de la possession en matière d'usucapion, et repose sur ce principe d'équité, que l'on ne peut pas acquérir par l'*accessio possessionum* un droit que l'on n'aurait pas, si l'on eût possédé tout seul.

Telles sont les conditions nécessaires à l'*accessio temporis*, dans le cas de succession à titre singulier : la difficulté en cette matière a été occasionnée par la confusion de certains textes qui, dans l'ancien Droit romain, ne pouvaient s'appliquer qu'à l'*accessio temporis* dans l'interdit *utrubi*, et que par mégarde l'on a laissé dans le Digeste; textes qui ne peuvent pas s'appliquer, d'après les principes, à l'*accessio temporis ad usucapionem acquirendam*.

Nous avons tâché de bien indiquer le caractère de la succession à titre universel et de la succession à titre particulier. Dans l'une la possession se continue dans la personne du successeur, avec les vices et les qualités qu'elle avait chez l'auteur, sans qu'il y ait à distinguer la bonne foi ou la mauvaise foi du successeur.

Dans la succession à titre particulier, au contraire, une

nouvelle possession commence pour le successeur, et c'est
cette possession qu'il faut envisager en elle-même pour
voir les effets qu'elle peut produire : « Dolum auctoris
bonæ fidei emptori non nocere, certi juris est. » Alexandre
C. 3. C. IV. 48, cmp. Fr. 5 (44. 3) d'Ulpien. D'où la
conséquence que l'auteur ne pouvant pas arriver à l'usucapion, le successeur à titre universel même de bonne foi
ne pourra pas usucaper; le successeur à titre particulier le
pourra parfaitement, pourvu qu'il soit de bonne foi et possède à juste titre.

La possession par elle-même est un droit intransmissible,
et par suite dans le cas de succession à titre particulier,
nous avons une série de possessions distinctes les unes des
autres qui peuvent bien donner lieu à l'*accessio possessionis*,
mais qui doivent être envisagées en elles-mêmes, pour savoir
si elles peuvent servir de base à l'usucapion. Les jurisconsultes romains allèrent encore plus loin, ils avaient
admis que tout possesseur *bona fide* et *justo titulo* qui
apprendrait pendant l'usucapion, que la chose était à
autrui, pourrait bien usucaper la chose parce que c'était
toujours la même possession et qu'à l'*initium possessionis*,
cette *possessio* remplissait les conditions voulues pour
l'usucapion ; mais dès qu'une interruption quelconque était
intervenue, ce n'était plus la même possession, c'était une
possession toute différente qui prenait naissance et il
fallait se placer à l'*initium possessionis* pour voir si l'usucapion était possible. Cette solution des jurisconsultes
romains est confirmée par deux textes formels du Digeste.
Ulpien, livre 15, *ad Plautium* Fr. 15, § 2 (41. 3) donne la
solution suivante: « Si quis bona fide possidens, antè usu-
» capionem amissa possessione, cognoverit esse rem alie-
» nam, et iterum nanciscatur possessionem: non capiet

4

» usu : quia initium secundæ possessionis vitiosum
» est. »

Julien, Fr. 7, § 4, *pro emptore*, nous donne la même
solution: ce texte dans la première partie a été altéré
(cmp. fr. 15, § 2, 41. 3). A la place des mots *non capiet
longo tempore*, il devait y avoir dans le texte primitif, *non
capiet usu*. Quoi qu'il en soit de cette correction, ce texte
est précieux pour nous ; le jurisconsulte propose l'objection
suivante : on pourrait dire qu'il n'y a pas de différence
entre le cas où l'on cesse de posséder et où l'on est de
mauvaise foi au moment de la nouvelle prise de possession,
et le cas où l'on possède et où l'on vient à apprendre que
la chose est à autrui ; et le jurisconsulte répond que dans
un cas, le second, c'est la même possession qui continue et
que l'*initium possessionis* seul doit être pris en considération ;
que dans l'autre cas, il y a deux possessions distinctes, et
pour apprécier les conditions de l'usucapion, il faut se
placer à l'*initium possessionis*.

Ces principes devraient encore être maintenus lorsque
l'on a perdu la possession et que l'on l'acquiert de nouveau *per interdictum* : il y a eu *interruptio possessionis ;* une
nouvelle possession prend naissance et le possesseur pour
usucaper devra être *bona fide* à l'*initium secundæ possessionis.*
Fr. 7, § 4 (41. 4) *pro emptore in fine.*

Ces principes nous amènent à une solution très rigoureuse dans l'hypothèse suivante: Titius possédait *ad usucapionem* et perd la possession. Bien qu'il soit devenu de
mauvaise foi, il peut intenter l'action publicienne contre tout
détenteur et il doit triompher ; mais perd-il de nouveau
cette possession, nous lui refuserions l'action publicienne,
nous admettrions qu'il n'est protégé qu'au moyen des
interdits. Cette solution rigoureuse nous paraît résulter de

la combinaison des principes suivants : l'interruption de possession entraîne l'impossibilité d'invoquer pour l'usucapion la possession précédente ; c'est donc une nouvelle possession qui commence et cette possession ne peut pas servir de base à l'usucapion, puisque à l'*initium possessionis*, la *bona fides* fait défaut.

Faut-il admettre, comme l'indique M. Pellat, p. 513 (1), que l'action publicienne lui permettra de continuer l'usucapion ? Sans doute on peut bien faire remarquer dans ce sens que l'action publicienne repose sur une présomption d'usucapion accomplie et qu'il serait bizarre qu'elle ne permît pas d'achever l'usucapion, mais cet argument, excellent en législation, ne peut pas être invoqué dans notre hypothèse, puisqu'il s'agit de savoir si les jurisconsultes romains ont admis ce résultat : aussi nous paraît-il hors de doute que, dans notre hypothèse, l'action publicienne ne serait pas donnée.

Nous avons examiné les deux hypothèses principales dans lesquelles l'*accessio possessionum* est utile; il en est encore quelques autres dans lesquelles on peut invoquer les bénéfices de l'*accessio*.

Les Romains avaient considéré les choses incorporelles comme non susceptibles de possession véritable, et par suite l'acquisition par usucapion était impossible pour les droits incorporels ; mais bientôt on se relâcha de cette rigueur, on considéra que posséder une chose était l'avantage effectif qu'on en tirait, et par suite on admit que l'exercice d'un droit incorporel d'une servitude serait une possession ; les Romains ne voulurent pas appliquer à cette hypothèse le mot possession, ils dirent que dans ce cas il y

_____

(1) De la propriété et de l'usufruit. 2e éd.

aurait *quasi-possessio* ; deux textes remarquables nous indiquent cette transformation. Fr. 14 (8. 1), Fr. 32 (8. 2).

Dans le premier de ces textes, Paul nous montre très bien pourquoi l'on ne peut pas admettre l'usucapion en matière de servitude ; « Servitutes prædiorum rusticorum, » etiamsi corporibus accedunt, incorporales tamen sunt : » et ideo usu non capiuntur, vel ideo, quia tales sunt » servitutes, ut non habeant certam continuamque posses- » sionem ; nemo enim tam perpetuo, tam continenter ire » potest, ut nullo momento possessio ejus interpellari » videatur. » Et Julien s'occupant d'une servitude urbaine nous dit bien, Fr. 32, § 1, *in fine: natura servitutum ea est, ut possideri non possunt* ; il ajoute immédiatement : *sed inteliigatur possessionem earum habere qui ædes possidet.* Enfin, le jurisconsulte Javolenus, dans le fr. 20 au Digeste (8. 1), nous indique l'opinion dominante : « ego puto, » usum ejus juris pro traditione possessionis accipiendum » esse, ideoque interdicta veluti possessoria constituta » sunt. »

La servitude, malgré sa nature incorporelle, est consi-dérée comme susceptible de possession et protégée au moyen d'interdits quasi-possessoires.

Dans le Droit romain classique pouvait-on créer une servitude au moyen de la tradition, suivie de la *patientia domini*, de façon que l'exercice de cette servitude continué pendant les délais de la prescription fit naître un véritable droit réel? Nous ne pensons pas que cette opinion doive être admise, tout au plus peut-on admettre cette solution pour la servitude *aquæductus.* Fr. 10. *Si servitus vindicetur* (8. 5). C. 2. C. 3. 34).

Mais cette opinion triompha sous Justinien, et à partir de

ce prince les servitudes peuvent s'acquérir par la prescription de dix à vingt ans; aussi devons-nous faire à cette
hypothèse l'application pure et simple des principes
de l'*accessio possessionum* en matière de prescription :
arg. C. *unica*. C. t. 31, liv. 7, *de usucapione transfor-
manda*.

Les servitudes, dans l'ancien droit, s'éteignaient par le
non usage, et à ce point de vue il fallait distinguer avec
soin les servitudes rurales et les servitudes urbaines: les
premières s'éteignaient par le non usage seul ; les secondes
par le non usage, mais le propriétaire du fonds servant
avait dû usucaper la liberté de son fonds, faire un acte
contraire à l'exercice de la servitude, et c'était de ce
moment que commençait à courir le délai de non usage.
Ce délai pour l'usufruit était de deux ans ou d'un an,
suivant que l'usufruit portait sur des immeubles ou des
choses mobilières, et était toujours de deux ans pour les
servitudes prédiales. « Quia tantummodo soli rebus
» annexæ sunt. » Justinien a porté ce temps de prescription et pour tous les cas à dix ans entre présents
et à vingt ans entre absents. C. 13. C. (3, 34).

Pour parfaire ce délai, l'*accessio* des possessions pourra
être invoquée ; nous en trouvons la preuve dans la loi
18, § 1, Digeste (8, 6). Le jurisconsulte, après avoir
rappelé dans le *principium* de la loi que les servitudes
s'éteignent par le non usage, ajoute dans le § 1 : « Tempus
» quo non est usus præcedens fundi dominus, cui servitus
» debetur, imputatur ei qui in ejus loco successit. »
Fr. 18, § 1 (8, 6). Si le successeur continue à ne pas
exercer la servitude, le propriétaire pourra invoquer
l'extinction, par cela seul que le non-usage aura atteint le
délai fixé dans la personne de l'auteur et du successeur.

Les servitudes étant considérées par les jurisconsultes comme susceptibles de quasi-possession, on voulut en protéger la possession par des interdits spéciaux : de là les interdits qui font l'objet des titres 19 et suivants du livre 43 du Digeste.

Sur cette matière s'élève une vive controverse : Faut-il admettre que la possession des servitudes sera protégée par un interdit *uti possidetis utile*, ou bien se borner à admettre que les servitudes seules pour lesquelles un interdit spécial a été reconnu seront l'objet d'une protection ?

Cette discussion ne se rattache pas directement à notre matière : nous devons seulement nous occuper des interdits spéciaux qui font l'objet des titres 19 et suivants du livre 43.

Ces interdits, *de itinere actuque privato*, — *de aquâ collidianâ et æstivâ*, — *de rivis*, — *de fonte*, — *de cloacis* présentent tous un caractère commun : ils ne sont donnés qu'à celui qui, pendant un certain temps, a exercé la servitude *nec vi, nec clam, nec precario ab adversario*.

Dans ces interdits on admet nécessairement la jonction des *possessiones* pour permettre à celui qui possède de pouvoir arriver, au temps convenable, pour être maintenu dans la possession de la servitude : nous n'étudierons cette jonction que relativement à l'interdit *de itinere actuque privato* : les mêmes règles s'appliquent à tous les interdits de la même nature.

L'interdit *de itinere* est donné Fr. 1, § 2 (43, 19) à celui qui, pendant la dernière année, a possédé pendant 30 jours la servitude de chemin, *nec vi, nec clam, nec precario ab adversario*.

Il présente des points de ressemblance importants avec

l'interdit *utrubi ;* ils ne se rapportent l'un et l'autre qu'à
la possession ; ils sont donnés l'un et l'autre à tout possesseur qui, pendant la dernière année, a possédé un
certain temps : dans l'un comme dans l'autre donc, il n'y
a pas à examiner si l'on a la possession au moment de
l'interdit ; il faut voir si l'on a eu la possession assez longtemps. De là deux conséquences : la possession n'a pas
besoin d'être *continua ;* l'interdit peut être invoqué par
celui qui a perdu la possession. Fr. 1, § 2 (43, 19), *in
medio*..... « *et tuetur cum, licet eo tempore, quo interdictum
» redditur, usus non sit*..... »

Nous avons vu le caractère que les Romains attachaient
à la possession : pour en être investi, il faut posséder
*corpore et animo sibi habendi ;* lorsqu'il s'agit de la possession
d'un meuble ou d'un immeuble, le caractère de la possession ne peut pas être douteux : aussi la protège-t-on, que
le possesseur soit de bonne ou de mauvaise foi ; au contraire, en matière de servitude, la possession est toujours
douteuse. Aussi, pour la protéger, les jurisconsultes
romains exigeaient que celui qui exerçait la servitude l'eût
exercée à titre de maître. Fr. 1, § 19 (43, 20).

L'interdit *de itinere actuque privato* est donné à tout
possesseur de l'immeuble, par cela seul qu'il a possédé
le chemin, pendant la dernière année, 30 jours, *nec vi,
nec clam, nec precario ;* et lors même qu'il ne le posséderait
pas actuellement, Fr. 1, § 2 (43. 19), le préteur ne demandait qu'une possession de 30 jours, *nec vi, nec clam, nec
precario.* Aussi donnait-on cet interdit au possesseur qui,
actuellement, possédait *vi, clam, precario,* pourvu qu'il eût
possédé la dernière année le temps voulu *et justè.* Ce droit,
qui appartient au possesseur actuel, appartiendrait à tous
possesseurs de l'immeuble, qu'ils fussent des successeurs à

titre univcrsel ou à titre particulier. Fr. 3, §§ 5, 6, 7, 8, 9, 10 (43. 19).

De même, si le possesseur pendant la dernière année n'avait pas possédé 30 jours, *nec vi, nec clam, ab adversario*, le successeur pouvait parfaitement compléter le temps de possession ; et cette *accessio possessionum* doit être réglée par les mêmes principes que l'*accessio temporis* en matière d'interdit *utrubi*.

Aussi admettrions-nous les conséquences suivantes : l'*heres* et le successeur à titre universel continuent la possession de l'auteur d'une manière absolue ; d'où la conséquence que si ce dernier possédait *vi, clam, precario*, le successeur possède au même titre, et, par suite, ne peut pas commencer une possession nouvelle, *nec vi, nec clam, nec precario* pour arriver à l'interdit.

Si l'auteur possédait *justè ab adversario*, le successeur universel pourra invoquer les avantages de la possession de l'auteur, et par la *junctio temporis* arriver à avoir possédé le temps voulu pour l'interdit.

Dans le cas de succession à titre particulier, les principes sont différents.

Si, au moment de la vente, de la donation, de la constitution de dot l'auteur pouvait invoquer l'interdit, le successeur mis en possession pourra l'invoquer lui-même.

Si l'auteur n'avait pas possédé le temps requis *ad interdictum obtinendum*, l'*accessio* aura lieu, pourvu que les deux possessions soient *nec vi, nec clam, nec precario ab adversario* ; peu importe du reste qu'un temps quelconque ait séparé les deux possessions. Enfin, si l'auteur ne pouvait pas invoquer sa possession, le successeur à titre particulier, ne continuant pas la possession de l'auteur, pourra parfaitement obtenir l'interdit au moyen de sa possession, s'il a lui-même une possession *nec vi, nec clam, nec precario ab adversario.*

L'*accessio* peut encore recevoir son application, lorsque le possesseur invoquera la *prescriptio longissimi temporis ;* les actions, qui étaient autrefois perpétuelles, sont toutes soumises à la prescription de 30 ans, l'action hypothécaire à 40 ans ; cette *præscriptio longissimi temporis* s'applique à l'action réelle, de sorte que le possesseur de l'immeuble, même de mauvaise foi, pourra, tant que sa possession durera, repousser le véritable propriétaire et répondre victorieusement à l'action en revendication au moyen de la *præscriptio longissimi temporis ;* mais s'il perdait la possession, ce possesseur n'aurait pas d'action réelle contre les tiers ; et ces derniers pourraient être dépossédés par le véritable propriétaire. C. VIII, C (7, 31) (note). Voir Ducaurroy, nº 1315.

Pour parfaire ce délai de 30 ans, l'*accessio temporis* est donnée au possesseur ; et ici nous n'exigerons pour la déclarer possible que deux conditions : 1º que la possession n'ait pas été interrompue ; 2º qu'il existe un lien juridique entre les possessions ; — il n'y a pas lieu de se préoccuper de la bonne ou mauvaise foi du possesseur, puisque tout possesseur peut invoquer la *præscriptio longissimi temporis,* même le possesseur de mauvaise foi.

A partir de Justinien (nov. 119. C. 7) la prescription de 30 ans reçoit application, dans une hypothèse où, avant ce prince, il y aurait eu lieu à la prescription de 10 ou 20 ans. Dans le cas où un possesseur de mauvaise foi, vend à un acquéreur de bonne foi, la chose d'autrui, et à

l'insu du propriétaire, Justinien décide que ce dernier ne
perdra ses droits que par la possession de 30 ans ; l'acquéreur de bonne foi aurait pu, dans l'ancien droit, arriver
à la propriété par la prescription de 10 ans ; Justinien veut
qu'il ne puisse invoquer que la possession de 30 ans ;
pour parfaire ce délai, l'*accessio temporis* lui sera utile.

# DROIT FRANÇAIS.

---

## De l'accession des possessions.

Avant d'aborder la théorie de l'accession dans notre droit, il nous paraît utile de donner quelques notions générales sur le droit de possession.

« La possession est la détention ou la jouissance d'une » chose ou d'un droit que nous tenons ou que nous exer- » çons par nous-mêmes, ou par un autre qui le tient ou » qui l'exerce en notre nom. » Telle est la définition que donne le Code Napoléon de la possession (2228).

La distinction de la possession et de la quasi-possession a disparu, et les rédacteurs du Code Napoléon ont répudié sur ce point la théorie romaine ; d'après leur théorie, la possession s'appliquera tout aussi bien à la détention d'une chose corporelle, qu'à l'exercice d'un droit réel ; nous donnons la préférence à cette opinion. Les jurisconsultes romains avaient confondu le droit de propriété et la chose même sur laquelle il portait ; ils avaient considéré le droit de propriété comme une chose corporelle, et avaient déclaré qu'il pouvait faire l'objet de la possession. Les droits réels de servitude avaient une existence distincte de celle de la chose, et constituaient à leurs yeux des droits incorporels que leur nature rendait non susceptibles de possession véritable. Pour nous, au contraire, le droit de propriété se distingue de la chose tout aussi bien que les servitudes et constitue, comme ces dernières, un droit réel incorporel : l'exercice de ces droits constituera, dans tous les cas, une véritable possession.

La détention d'une chose, avec l'intention de s'en attri-buer les avantages, constitue la possession. Pourquoi l'exercice d'un droit réel ne serait-il pas regardé comme la possession de ce droit ?

Une autre différence importante sépare la possession du droit romain et du droit français. Dans la première légis-lation, on considère la possession comme un simple fait digne de la protection de la puissance publique, et c'est à peine si les jurisconsultes romains consentent à dire de la possession qu'elle est un droit.

Le préteur interpose son autorité s'il y a contestation sur la possession, non pas tant pour protéger un droit lésé que pour terminer les contestations que ce conflit pourrait faire naître, et régler définitivement à qui la possession doit être attribuée (1). Aussi avait-on conclu que celui qui était attaqué par la voie de l'interdit était tenu *quasi ex delicto.*

Dans notre droit, au contraire, le caractère de la pos-session s'est modifié. On considère la possession comme un droit réel : celui-là qui est propriétaire d'une chose a le droit de la posséder, d'exercer sur elle tels actes qui lui paraissent convenables. N'est-il pas logique d'admettre, en

_____

(¹) Gaïus, c. IV, § 139 : *Certis igitur ex causis prætor aut proconsul principaliter auctoritatem suam finiendis controversiis interponit.*

sens contraire, que lorsqu'une personne exerce actuellement sur une chose des actes de maître, possède la chose en un mot, c'est qu'elle a sur la chose un droit de propriété. La possession, dans notre droit, n'est donc pas un simple état de fait que toute personne doit respecter : elle engendre, en outre, une présomption de propriété au profit du possesseur (1).

On peut compter, en droit français, plusieurs espèces de possession (2) :

a) La possession de l'article 2228 donne à tout possesseur qui a possédé an et jour, avec les conditions de l'article 2229, le droit d'invoquer les actions possessoires (23 Pr. civ.). Le possesseur, non-seulement est maintenu en possession d'une manière absolue, mais encore il est présumé propriétaire de la chose jusqu'à la preuve contraire.

b) La possession fait acquérir la propriété par la prescription de dix à vingt ans, si le possesseur a juste titre et bonne foi (2265-2269), et si la possession présente les conditions exigées par l'article 2229.

c) Enfin, toute personne qui est en possession d'une chose, pourvu qu'elle ne la détienne pas à titre précaire, pourra toujours repousser l'action en revendication du propriétaire, si sa possession a duré trente ans : au bout de ce délai, le possesseur devient propriétaire.

Tels sont les principaux effets de la possession : nous laissons de côté les autres avantages, le droit de rétention, le rôle de défendeur au procès, l'acquisition des fruits (549-550 C. Nap.), parce que tout possesseur peut les

---

(1) Voir Esquirou de Parieu : *Études historiques et critiques sur les actions possessoires*, ch. II. — Molitor, *Traité de la Possession*.

(2) Molitor, *loco citato*, en a compté cinq espèces.

invoquer, par cela même qu'il est investi de la possession.

Au contraire, pour arriver à la propriété par la prescription acquisitive, 10 ans à 20 ans, ou 30 ans, pour invoquer les actions possessoires, il est nécessaire d'avoir possédé un certain temps, et, par suite, nous avons à rechercher s'il est nécessaire que la possession ait appartenu à la même personne pendant tout le délai fixé, ou s'il ne suffit pas que la possession ait duré le temps voulu par le possesseur actuel ou ses auteurs.

Le droit français a admis sur cette question la solution du droit romain ; l'article 2235 pose le principe général, et les articles 2237 et 2239 nous fournissent des applications.

Pour l'étude de notre théorie en droit français, nous adopterons la division suivante :

1° Accession des possessions en matière d'actions possessoires ;

2° En matière de prescription de 10 à 20 ans ;

3° En matière de prescription de 30 ans

## § 1.

*Accession des possessions en matière d'actions possessoires.*

Il n'entre dans notre plan ni de faire l'étude des actions possessoires, ni d'examiner les questions controversées que les auteurs et la jurisprudence ont eu à résoudre ; nous nous bornerons à indiquer les principes généraux de la matière, et nous nous étendrons principalement sur la jonction des possessions.

La possession, en droit français, fait présumer le possesseur propriétaire ; d'où la nécessité de protéger la possession contre les troubles et les violences ; le droit romain ne voyait dans la possession qu'un état de fait qu'il importait de maintenir ; aussi, dans la plupart des cas, donnait-il les interdits à la personne qui possédait au moment de l'interdit. Notre droit, suivant en cela les théories de l'ancienne jurisprudence, ne protége la possession que lorsqu'elle a duré une année au moins.

On connaît, en droit français, trois espèces d'actions possessoires : la complainte, la dénonciation de nouvel œuvre, et la réintégrande. La première est donnée à tout possesseur de plus d'une année qui est troublé dans sa possession ou a été dépossédé depuis moins d'un an ; — la dénonciation est donnée en cas de trouble, même éventuel, et ce point la distingue de la complainte ; — la réintégrande sert au possesseur qui a été violemment dépouillé de la possession et qui veut être réintégré, rétabli dans cette possession qu'il a perdue.

Pour les deux premières actions, tout le monde reconnaît qu'elles n'appartiennent qu'à celui qui a possédé plus d'une année ; pour la réintégrande, au contraire, deux théories sont en présence : l'une veut appliquer à cette action les règles des actions possessoires en général, et exige pour le possesseur une année de possession, et, en outre, la possession de l'article 2229 sera seule protégée par cette action ; l'autre opinion applique à la réintégrande les principes de l'interdit *undè vi* du droit romain, et, par suite, l'accorde à tout possesseur, par cela seul qu'il possède, quel que soit le caractère de sa possession.

Cette dernière opinion paraît triompher définitivement

en jurisprudence (1). L'action en complainte et l'action en dénonciation de nouvel œuvre exigent donc seules une possession de plus d'une année, et l'on peut se demander s'il est nécessaire que le possesseur ait possédé par lui-même, ou s'il ne suffit pas que ses auteurs ou lui aient eu une possession suffisante.

Sur cette matière nous examinerons successivement les deux points suivants :

*a)* Caractères de la possession protégée par les actions possessoires ;

*b)* Règles de l'accession des possessions.

### *a)*

Les actions possessoires sont indiquées dans l'art. 23 du code de procédure civile ; le législateur n'a fait dans cette disposition qu'énumérer les diverses espèces d'actions et n'a pas indiqué les conditions que la possession pour être protégée devait présenter ; dans les travaux préparatoires nous trouvons sur ce point des indications précieuses ; l'orateur du tribunat, dans son rapport au corps législatif, s'exprimait dans les termes suivants : « la pos- » session doit avoir été, durant cet intervalle, continue, » non interrompue, paisible, publique, non équivoque et » à titre de propriétaire... » et plus bas : « quant aux » règles qui concernent la possession, c'est au code civil » qu'il faut se référer (2). »

Il résulte de ces paroles que la possession que les ac-

---

(1) Voir : arrêts de cassation, rapportés dans Dalloz, 65, 1. 283 et 62. 1. 351.

(2) Locré, t. 21, page 588, n° 11.

tions possessoires ont pour but spécial de protéger, doit présenter les caractères généraux de la possession, els qu'ils sont énumérés dans l'art. 2229 et, en outre, n'être *nec vi, nec clam, nec precario.* C'était la théorie de Pothier, et les rédacteurs du code de procédure ont voulu la reproduire.

La possession ainsi caractérisée ne doit pas être vicieuse ; et tout le monde s'accorde à reconnaître les vices suivants de la possession : la violence, la précarité, la clandestinité. Ce sont ces mêmes faits que les Romains considéraient comme constituant aussi des vices de possession ; et sur ce point, leur théorie était la suivante : la possession était violente, clandestine ou précaire, si au commencement elle avait été infectée de ces vices ; et cette possession vicieuse ne l'était que d'une manière relative, on la considérait toujours *ab adversario*; en outre, le précaire dans cette législation était un contrat par lequel on se faisait concéder un droit quelconque, révocable à la volonté du concédant ; — faut-il en droit français admettre ces solutions, ou bien les modifier en certaines parties ?

Notre droit, comme la législation romaine, reconnaît que la violence, la clandestinité et le précaire constituent des vices de possession ; ce point commun constaté, on peut remarquer entre la théorie romaine et française de nombreuses différences.

La plus importante de toutes, c'est la diversité de signification du mot *précaire* : dans le droit romain, par précaire on désigne le contrat que tout à l'heure nous indiquions; en droit français, au contraire, le mot précaire s'applique à une situation différente : on appelle précariste celui qui détient quelque chose au nom d'autrui. L'art. 2239 nous donne pour exemple le fermier; cependant on pourrait trouver dans notre droit des hypothèses où le mot précaire serait employé dans le sens du droit romain. En matière de servitude, il arrive quelquefois que le titulaire ne jouit du droit de servitude qu'en vertu d'une concession du propriétaire du fonds dominant, concession révocable à volonté ; cette signification particulière laissée de côté, le mot précaire s'applique à tous les détenteurs de la chose pour le compte d'autrui. Une autre différence sépare encore les deux législations ; en droit romain, pour savoir si une possession est violente, clandestine ou précaire, on se place toujours à l'*initium possessionis*; en droit français on examine, en général du moins, les caractères de la possession en eux-mêmes. Pour la violence et la clandestinité, on reconnaît bien que les possessions ne seront atteintes de ces vices que si l'appréhension a été faite violemment ou clandestinement ; mais le vice sera purgé si la violence ou la clandestinité disparaissent ; — pour la précarité, le droit français, d'accord sur ce point avec le droit romain, a décidé que le caractère de précarité s'appréciait au début même de la possession et continuait à exister tant qu'un fait n'était pas venu modifier les caractères de cette possession. (2238 Code Napoléon.)

Faut-il en droit français admettre que la possession même atteinte d'un vice sera protégée, si elle n'est pas vicieuse *ab adversario*? Faut-il déclarer en un mot que les vices s'apprécient d'une manière relative, ou, au contraire, d'une manière générale ?

Pour la violence et la clandestinité, tout le monde reconnaît qu'elles ne doivent être examinées que par rapport à l'adversaire.

La question controversée pour la précarité n'est pas

susceptible d'une solution absolue : dans le cas de possession précaire (*precarium* du droit romain), la précarité ne
constituera qu'un vice purement relatif, et la possession
pourra être opposée à toute personne autre que le concédant (1). Au contraire, dans le cas où le mot précaire
s'applique au détenteur pour le compte d'autrui, la précarité ne peut constituer qu'un vice absolu de possession : le
possesseur reconnaît que la propriété appartient à un tiers
pour le compte duquel il possède ; la loi lui fait un devoir,
s'il est troublé, d'avertir le propriétaire, de se faire défendre par lui ; l'*animus sibi habendi* lui fait défaut, il ne possède pas à titre de propriétaire, et par suite ne peut pas
invoquer les actions possessoires (2).

L'ancien droit français donnait cette solution : Bourjon,
*Droit commun de la France*, s'exprime dans les termes suivants : « le fermier, ni le séquestre, de telle durée que
» leur possession ait été, n'ont point l'action en complainte...
» la possession étant à titre précaire exclut cette action ;
» autrement ce serait faire replier la loi sur elle-même,
» c'est un propriétaire qu'elle a en vue. » Livr. 6, tit. 4,
chap. 1, sect. 3, n° 18. — Pothier dit bien, *Traité de la
possession*, que la précarité, comme les autres vices, s'apprécie relativement à l'adversaire, mais ce passage de
Pothier ne peut en rien nous être opposé, il fait allusion
au précaire du droit romain. (Traité de la possession,
n° 96.)

---

(1) Cassation. Dalloz, 1866, 1, 224. — Aubry et Rau, 3e edit., § 180.
(2) Aubry et Rau, loco citato. — Bourbeau : théorie sur la procédure
civile, tom. V, pag. 526.

*b)*

### Règles de l'accession.

La première question à résoudre est de voir, si l'accession doit être admise en matière d'actions possessoires; l'affirmative est certaine; elle résulte de la combinaison des art. 23 du code de procédure civile et 2235 code Napoléon ; pour donner l'action en complainte, la loi n'exige des possesseurs troublés qu'une possession de plus d'une année « exercée par eux ou les leurs, » dit l'article 23 procédure civile. Le principe posé dans l'article 2235 du code Napoléon subsiste donc dans toute sa force ; on peut joindre à sa possession celle de son auteur.

Cette opinion ne ressort pas seulement des textes de loi; elle est encore partagée par toute la doctrine (1).

Les règles de l'*accessio possessionum* sont les suivantes :

1° Celui qui veut jouir de l'*accessio* doit avoir eu la possession ;

2° L'auteur a dû avoir une possession qui pût servir de fondement à l'action possessoire ;

3° Un lien juridique doit exister entre les deux possessions ;

4° Les deux possessions ne doivent pas être séparées par plus d'une année.

(1) Aubry et Rau, 3e édit. sur Zachariae, tom. 2, § 184, note 4. — Bourbeau : théorie de la procédure civile, tom. V, pag. 522 et suiv. — Bélime, pag. 107 et suiv.

Il est nécessaire de reprendre chacune de ces règles les unes après les autres, et indiquer par quelques exemples leur portée d'application.

1° L'*accessio* n'est donnée qu'à la personne qui a possédé.

Cette première règle n'a pas besoin d'être justifiée : l'*accessio* est le droit de compléter sa possession par celle d'autrui : il est impossible d'invoquer l'*accessio* et de l'obtenir, si l'on n'a pas soi-même la possession ; à ce point de vue, aucune différence n'existe entre le successeur à titre universel et le successeur à titre particulier ; l'un et l'autre ne peuvent obtenir l'*accessio possessionum* que s'ils sont ou ont été nantis de la possession matérielle.

Cette solution n'est-elle pas contraire aux règles de la saisine héréditaire? D'après l'art. 724, 1006 du code Napoléon, les héritiers légitimes et les légataires universels dans certains cas, sont saisis de plein droit de tous les droits et actions du défunt : et on s'accorde à reconnaître que l'un des effets de la saisine est la transmission de la possession aux héritiers ; aussi pourrait-on soutenir que les héritiers légitimes, même sans appréhension matérielle, pourraient invoquer l'*accessio possessionum* ? Interpréter ainsi les effets de la saisine serait, je crois, en exagérer la portée : il est bien vrai que la possession passe de plein droit du défunt à ses héritiers, que ces derniers peuvent invoquer les avantages de la possession du défunt ; mais dans notre hypothèse le défunt, à sa mort, n'avait pas encore possédé un an, il ne pouvait donc pas intenter la complainte : son héritier intente-t-il cette action, il doit prouver que la possession a reposé sur sa tête ou sur celle de ses auteurs pendant plus d'une année ; or cette preuve, il ne peut pas la rapporter ; lui-même n'a pas possédé et la fiction par laquelle on le prétend en possession ne peut produire aucun effet : elle est contraire à la réalité des faits, puisqu'un tiers a possédé la chose depuis le décès.

Notre solution est donc la suivante : les héritiers, saisis des biens du défunt, succèdent de plein droit à la possession de leur auteur et peuvent, si ce dernier avait possédé plus d'une année, intenter l'action en complainte contre tout possesseur ; mais si le défunt n'avait fait que commencer à posséder, et qu'à son décès la possession n'eût pas une année de durée, l'héritier, pour intenter l'action en complainte contre les tiers, ne pourrait invoquer l'*accessio possessionum* et parfaire l'année utile, que s'il avait lui-même possédé.

Les mêmes principes s'appliquent à tout successeur à titre particulier ; si l'auteur, au moment de la transmission de propriété, n'avait pas encore une possession suffisante, le successeur pourra la compléter ; et la nature même des choses nous dit qu'il sera, pour cela, nécessaire qu'il ait pris possession matérielle de l'objet transmis.

Le successeur doit donc avoir eu la possession. Quels caractères doit-elle présenter ? Il faut nécessairement qu'elle remplisse toutes les conditions voulues pour donner les actions possessoires ; il ne manque en effet au successeur, pour triompher dans l'action, qu'une durée suffisante de possession ; cette durée, l'*accessio possessionum* la lui donnera ; mais elle n'ajoutera rien autre chose à sa possession, et ne pourra pas attribuer à cette dernière les qualités nécessaires pour les actions possessoires.

Nous avons établi, dans la première partie de notre section, que la possession exigée dans les actions possessoires devait être exempte de vices, seulement *ab adversario ;* d'où il suit que le successeur pourra parfaitement invoquer

une possession vicieuse et triompher dans l'action possessoire, pourvu que cette possession soit *justa ab adversario;*
et, par suite, s'il lui est nécessaire dans ce cas de demander
l'*accessio possessionum,* il pourra l'obtenir.

Cette solution est vraie pour tous les successeurs, la
possession doit être exempte de vices ; à cet égard nous
avons à rechercher si la possession étant vicieuse chez
l'auteur, les vices ne sont pas transmis aux successeurs.

En droit romain, les vices de violence, clandestinité et
précarité n'avaient d'influence sur la possession que lorsqu'ils existaient au début même de la possession et duraient
autant que la possession même. En droit français, cette
solution ne peut pas être admise. Sans doute, il faut bien
aussi se placer à l'*initium possessionis* pour en apprécier les
caractères, les qualités et les vices ; mais l'article 2233
nous apprend que la possession violente devient une possession *justa* dès que la violence a disparu ; et les auteurs
s'accordent à reconnaître que la même solution doit être
donnée pour la possession clandestine (1).

La possession est et reste précaire tout le temps de sa
durée, par cela seul qu'à l'origine elle était entachée de ce
vice : l'interversion de titre, dans les termes prévus par
l'article 2238, peut seule changer la nature de la possession et la purger du vice qui l'infectait.

Ces principes posés, les vices de violence et de clandestinité n'existant que tout autant que la possession se
maintient par des actes de violence ou s'exerce par des
actes clandestins, il faut reconnaître que la possession des
héritiers et des successeurs à titre particulier remplira

(1) Aubry et Rau, 3e édit., § 180, t. II. — Troplong : *De la prescription,* I, 366. — Belime, no 42 : *De la possession.*

toutes les conditions voulues pour l'exercice des actions possessoires, si les actes de violence et de clandestinité ne peuvent pas être imputés aux successeurs.

Que faut-il décider pour la précarité ? (1) Une solution absolue ne peut pas être donnée : les héritiers et successeurs à titre universel reçoivent de l'auteur la possession, telle que le défunt l'exerçait lui-même, avec ses vices et ses qualités ; d'où il suit que le vice de précarité, imputable à l'auteur, peut être opposé aux successeurs. Les successeurs à titre particulier, au contraire, commencent une possession nouvelle, distincte de la possession de l'auteur ; d'où la conséquence que leur possession est exempte dans leurs personnes du vice de précarité et qu'ils peuvent commencer une possession valable. Dans cette hypothèse, s'ils ont possédé plus d'un an, ils obtiendront les actions possessoires pour se faire maintenir en possession.

2° *L'auteur devait avoir une possession protégée par les actions possessoires.*

Cette solution repose, comme la précédente, sur un principe incontestable. Le successeur à titre universel ou à titre particulier n'a pas un temps de possession suffisant pour obtenir les actions possessoires ; il veut compléter son temps de possession en y joignant la possession de l'auteur : il est naturel qu'il ne puisse pas avoir plus de droit que l'auteur lui-même, et qu'il ne puisse invoquer la possession que si l'auteur lui-même avait pu l'invoquer.

La possession, protégée par les actions possessoires, n'a pas besoin d'être exempte de vices d'une manière absolue, mais seulement *ab adversario ;* d'où il résulte que le suc-

---

(1) Le mot *précarité,* dans toute cette section, sera employé, à moins d'indication contraire, dans le sens de *precarium* du droit romain : les autres détenteurs précaires ne peuvent pas avoir les actions possessoires.

cesseur pourra joindre à sa propre possession la possession
même vicieuse de l'auteur, pourvu qu'elle ne le fût pas
vis-à-vis de la personne à laquelle il l'oppose.

L'exemple suivant fera très bien comprendre notre solution. L'administration a concédé à Primus un droit de
passage sur une chose du domaine public. Primus
exerce la servitude concédée à titre de précaire, et le
mot précaire est pris ici dans le même sens qu'en droit
romain. Il pourra donc, puisque le vice de précarité est
relatif, opposer cette possession précaire à l'encontre de
tous autres que l'administration. L'acquéreur de Primus,
ou son héritier, auront les mêmes droits que Primus et
pourront, s'il est nécessaire, joindre leur propre possession
à celle de l'auteur, en tant qu'ils ne voudront pas l'opposer
à l'administration. Dans notre hypothèse, et d'après les
principes indiqués plus haut, les héritiers et successeurs
universels de Primus, prenant la possession de ce dernier
telle qu'il l'exerçait lui-même, ne pourront jamais opposer
leur possession à l'administration ; ils seront détenteurs à
titre précaire. Les successeurs à titre particulier de Primus
pourraient parfaitement opposer à l'administration leur
propre possession, mais ne pourraient pas la joindre à celle
de l'auteur.

Les mêmes solutions seraient données dans le cas où le
possesseur possédait la chose pour le compte d'autrui ; ses
héritiers continuent sa possession et ne peuvent, pas plus
que lui, intenter les actions possessoires. Il en serait de
même des successeurs à titre particulier, s'ils continuaient
à posséder pour autrui ; mais s'ils ont pris possession à
titre de propriétaire, ils commencent une possession nouvelle qui pourra servir de base à l'action possessoire
(arg. 2237 C. N.), sans cependant jamais pouvoir invoquer

l'accession des possessions, puisque l'auteur ne possédait pas à titre de propriétaire, et qu'il ne pouvait pas lui-même obtenir les actions possessoires.

3° *Qu'un lien juridique existe entre les deux possessions.*

Cette troisième condition est nécessaire à l'accession des possessions ; nous l'avons déjà rencontrée en droit romain ; le droit français ne pouvait que l'accepter. Le successeur, pour triompher dans les actions possessoires, invoque la possession d'une autre personne ; mais le même droit appartient à son adversaire, si on n'exige pas qu'un lien juridique réunisse les deux possessions.

Quel sera ce rapport juridique suffisant à légitimer l'*accessio ?* Sur ce point, des controverses assez vives existent dans la doctrine : nous les étudierons plus loin. En nous occupant de l'accession en matière de prescription, nous nous efforcerons de justifier le principe suivant, que nous énonçons ici : il y aura lien juridique suffisant entre deux possessions, et l'*accessio* sera possible, toutes les fois que la possession aura été livrée au successeur par suite d'une convention formelle ou tacite des parties, ou d'une disposition de la loi.

Une difficulté peut se présenter en notre matière, dans le cas où les deux personnes qui plaident sur la possession pouvaient prétendre à l'*accessio possessionum.* Par exemple, Primus vend successivement à deux personnes le même immeuble ; les deux acquéreurs ont pris l'un et l'autre possession de l'immeuble vendu ; et le premier acquéreur dépossédé intente contre le second acquéreur la complainte possessoire ; tous deux peuvent invoquer l'*accessio possessionum ;* qui des deux l'emportera ?

Il ne peut pas s'agir ici de débat sur la propriété : les principes sur la transcription régleront à qui elle appartient ; mais faudra-t-il maintenir en possession le second acquéreur ? ou bien le forcer à restituer la possession au premier ?

Nous supposons que la possession de chacun d'eux est exempte du vice *ab adversario*, et que ni l'un ni l'autre n'a possédé par lui-même le temps voulu pour triompher dans la complainte (plus d'une année).

La question ainsi posée ne nous semble pas devoir être douteuse, et elle doit être résolue en faveur du possesseur actuel ; la possession est un fait qu'il importe au pouvoir social de faire respecter. Dans l'espèce, les deux possesseurs sont dans la même situation ; ni l'un ni l'autre n'a une possession suffisante pour triompher dans la complainte ; tous deux peuvent invoquer l'accession des possessions : celui-là doit être maintenu en possession qui l'exerce actuellement : *in pari causâ melior est causâ possidentis.*

4° *Que les deux possessions ne soient pas séparées par un an de possession.*

La loi française n'a pas adopté, en matière de possession, la théorie rigoureuse des jurisconsultes romains. A Rome, en effet, on était bien censé posséder, tant qu'un tiers ne s'était pas emparé de la possession ; mais dès qu'une personne avait appréhendé la chose, la possession était *interrupta*. Notre législation a admis que l'on ne serait pas censé avoir perdu la possession, tant qu'un tiers n'aurait pas possédé pendant plus d'une année ; d'où la conséquence que tout successeur peut joindre sa possession à celle de l'auteur, par cela seul que personne n'a possédé pendant plus d'un an depuis la possession de l'auteur.

Une possession de plus d'une année, au profit d'une personne quelconque, constitue une interruption naturelle de possession, et met une barrière indestructible entre les deux possessions de l'auteur et du successeur. L'*accessio* devient impossible ; et le successeur, pour triompher dans l'action possessoire, ne pourra plus invoquer que sa propre possession.

Telles sont les conditions, d'après nous nécessaires, pour obtenir la jonction des possessions et triompher ainsi dans les actions possessoires.

Nous avons voulu, sur cette matière, indiquer seulement les principes généraux de la jonction ; nous avons à dessein laissé de côté l'examen des difficultés particulières que soulève la matière des actions possessoires, et, par exemple, le point de savoir pour quelles choses et pour quels droits les actions possessoires sont admises ; nous disons simplement, toutes les fois qu'il y aura lieu d'intenter les actions possessoires, le successeur pourra joindre sa possession à celle de l'auteur, si les conditions indiquées plus haut se trouvent remplies.

§ 2.

*Jonction des possessions dans le cas de prescription*
*de 10 à 20 ans.*

La possession conduit à la propriété, si on a possédé pendant un certain temps avec les conditions voulues par la loi : c'est l'une des hypothèses de l'*usucapio* des Romains, appelée *prescriptio* par Justinien, et qui a passé dans notre droit avec un nom pour nous incompréhensible (1).

(1) Le mot *prescriptio*, dans son acception primitive, s'applique à l'exception, et plus tard à l'exception de possession de longtemps.

La possession ne fait acquérir la propriété au possesseur qu'à la condition de présenter certains caractères indiqués par la loi, sans lesquels la prescription ne s'accomplirait pas.

« Pour pouvoir prescrire, nous dit l'article 2229, il faut » une possession continue et non interrompue, paisible, » publique, non équivoque et à titre de propriétaire. »

Celui qui a acquis un immeuble de bonne foi et à juste titre obtiendra la propriété par la possession, de 10 ans à 20 ans.

Avant d'arriver aux développements relatifs à la jonction des possessions, nous allons insister sur les diverses conditions de la possession. Ces prolégomènes nous sont imposés par la nature même du sujet. Dans l'exposé des règles de notre matière, nous aurons à tout moment l'occasion de revenir sur ces conditions.

La possession doit s'exercer *à titre de propriétaire;* cette condition, nous l'avons rencontrée en droit romain, sous le nom d'*animus sibi habendi;* c'est l'intention, où est le possesseur, de s'approprier le droit ou la chose sur lesquels la possession porte. Il ne faut donc pas confondre la bonne foi et l'*animus sibi habendi* : l'un peut parfaitement se rencontrer sans l'autre : le *prædo,* par exemple, a bien l'*animus,* il possède à titre de propriétaire, veut s'approprier la chose volée ; et cependant il n'a pas la bonne foi : il sait que le véritable propriétaire ne lui a pas transféré la propriété.

En caractérisant la possession, *à titre de propriétaire,* la loi a voulu laisser de côté la possession précaire. En droit romain, il y avait précaire, toutes les fois qu'une personne avait obtenu d'une autre la concession d'une chose, sous la condition de la lui restituer à sa volonté. Dans l'ancienne jurisprudence, ce mot a été employé dans un sens tout différent ; on l'a appliqué aux diverses hypothèses, où un possesseur possède pour le compte d'autrui ; et on donne pour exemple de possesseurs précaires les fermiers, les dépositaires (1). Le mot possesseur précaire s'appliquera donc dans notre travail à ceux qui détiennent une chose sans intention d'en prendre la propriété, reconnaissant au contraire que cette propriété appartient à une autre personne.

La possession doit être *continue* : cette expression ne fait pas allusion à une possession de tout instant, mais plutôt à une possession qui s'exerce *more solito ;* par exemple la possession d'un taillis serait continue, par cela seul que l'on aurait fait couper les bruyères et les arbres aux époques fixées, d'usage dans le pays pour ces sortes de travaux.

La possession doit être *non interrompue ;* le législateur a voulu indiquer ici un vice particulier de la possession, qu'il ne faudrait pas confondre avec la discontinuité.

La discontinuité ne fait pas disparaître la possession : elle continue à exister, mais avec un vice ; l'interruption, au contraire, met à néant la possession (2). Une possession nouvelle peut bien commencer, mais l'ancienne possession a disparu d'une manière absolue. La loi reconnaît deux espèces d'interruption : l'interruption naturelle résulte d'une dépossession de plus d'une année, pourvu qu'un tiers ait acquis à son profit la possession annale (2243 C. Nap.). Si personne n'avait possédé la chose, il pourrait

(1) Voir Bourjon, cité plus haut.

(2) Marcadé : *Prescription,* p. 84 : « On pourrait dire que la discontinuité est une maladie de la possession et que l'interruption en est la mort. »

y avoir discontinuité, mais l'interruption n'existerait pas.

L'interruption civile résulte d'un acte émané d'un tiers, et qui manifeste chez ce dernier l'intention d'empêcher la prescription (1).

L'interruption naturelle résulte d'un fait matériel, et, par suite, existe à l'égard de toute personne. L'interruption civile, au contraire, est la conséquence d'un acte extra-judiciaire, et ne peut produire d'effets qu'*inter partes*.

La possession doit être *paisible* : cette condition de la possession nous vient de la coutume de Paris ; aussi est-ce dans les ouvrages de Pothier, et les annotateurs de la coutume, qu'il faut rechercher le sens et la portée de cette condition. En conséquence, nous admettrions avec l'ancienne jurisprudence que la possession est paisible lorsqu'elle s'exerce sans violence, et lorsqu'elle n'est pas troublée par des actes de tracasserie.

Une différence importante doit être signalée entre cette dernière condition : la discontinuité et l'interruption naturelle. Tandis que ces dernières résultent d'un fait matériel qui atteint la possession d'une manière absolue et a lieu à l'égard de tous, la première résulte de l'état de la possession à l'égard d'une personne déterminée ; et, par suite, il pourra très bien arriver que la possession paisible vis-à-vis de l'un, ne le soit pas vis-à-vis d'un autre.

La possession doit être *publique*, c'est-à-dire s'exercer au vu et au su de tous, de manière que chacun puisse connaître l'existence de la possession. Ce vice est relatif : et comme la violence, le défaut de publicité ou clandestinité n'existe que *ab adversario*.

(1) Voir, pour les actes interruptifs, 2244, 2246, 2247, 2248 C. Nap.

Enfin, la loi exige comme nouvelle condition : que la possession soit *non équivoque* : « mais ce dernier caractère, » au lieu d'être une qualité nouvelle, n'est que la confir-» mation et le perfectionnement des autres » (1).

La possession, qui réunit toutes ces conditions, ne ferait pas acquérir la propriété au moyen de la prescrip-tion de dix à vingt ans, si elle n'était acquise de bonne foi, et si elle ne reposait sur un juste titre.

La bonne foi est, en droit français, comme en droit romain, la croyance où l'on est que celui duquel on tient la chose était propriétaire, ou procureur du propriétaire; il n'est pas nécessaire de connaître la capacité de l'alié-nateur ; il suffit de le croire propriétaire ; pour soutenir le contraire, Marcadé a invoqué des textes du droit romain : nous n'acceptons pas les arguments produits : ces textes supposent des ventes faites par des pupilles. Or, il est certain que dans le droit romain les aliénations consenties et exécutées par ces personnes étaient complètement nulles.

Le juste titre, en droit romain, était un acte juridique qui manifestait chez le *tradens* l'intention de se dépouiller de la propriété, et chez l'*accipiens* l'intention d'acquérir.

On distinguait avec soin dans cette législation, le *justus titulus* et le *modus acquirendi* : l'un faisait naître chez l'*accipiens* la propriété (*traditio*, *mancipatio*, *cessio in jure*, etc.), l'autre était le fait juridique qui motivait la translation de propriété.

Dans la vente, par exemple, la convention des parties constitue le *justus titulus*, et la *traditio* ou *mancipatio* de la chose vendue sera le *modus acquirendi*.

(1) Marcadé, sur l'article 2229, n° VII.

Dans la donation, la convention de donner acceptée constitue le juste titre ; et la propriété de la chose donnée ne passera au donataire que par la tradition ou la mancipation faite à son profit.

En droit français, au contraire, la convention transfère la propriété de plein droit (art. 711-1138 C. N.) ; la distinction entre le *modus acquirendi* et le *justus titulus* a disparu ; et le juste titre peut être défini aujourd'hui : un acte capable de transférer la propriété. En conséquence, si nous n'acceptons pas comme un juste titre suffisant un acte atteint d'une nullité de forme ou d'une nullité d'ordre public ; un acte fait par un incapable et atteint seulement de nullité relative nous paraît remplir toutes les conditions voulues du juste titre.

La loi française exige comme deux conditions distinctes la bonne foi et le juste titre. Et en effet, il résulte des définitions par nous adoptées, que ce serait une grave erreur de les confondre ; la bonne foi n'a pas besoin d'exister tout le temps de la possession, il suffit qu'elle ait existé au moment de l'acquisition (2265, 2269 C. N.). Sur ce point, le droit français n'a pas admis l'opinion des canonistes, mais a préféré la formule romaine, *mala fides superveniens non impedit usucapionem.*

Le juste titre est exigé par la loi française d'une manière plus rigoureuse que par le droit romain ; il résulte du texte de l'art. 2265 que le juste titre seul peut servir de base à la prescription ; on a abandonné par là la théorie romaine d'après laquelle la croyance au juste titre équivalait au juste titre lui-même, pourvu que l'erreur ne fût pas trop grossière (1).

_____

(1) Fr. 4, § 2 et 5, § 1 pro suo (41. 10).

Tout possesseur qui invoquera une possession remplis-
sant ces qualités, pourra acquérir la propriété de la chose
possédée si sa possession a duré de 10 à 20 ans. Cette
solution ne pourra pas présenter de difficultés et de doute,
lorsque la même personne aura possédé le temps nécessaire, mais ne faut-il pas décider encore que tout possesseur pourra, pour arriver à la prescription, joindre à sa
possession celle de ses auteurs ?

Avant d'arriver au code Napoléon qui admet l'affirmative, il nous faut rechercher la théo. e de l'ancienne jurisprudence et examiner quelle a été sur ce point l'opinion de
nos coutumes.

Il a été établi (1) que la possession de un an (saisine)
faisait acquérir dans l'ancien droit français et la possession
et la propriété; bientôt on trouva trop court ce délai de
prescription; on appliqua à la possession seule le délai qui
auparavant s'appliquait à la propriété, et on réserva pour
la propriété le délai de 10 ans emprunté à la législation
de Justinien.

Le délai de prescription déterminé, il parut trop dur
d'imposer au possesseur l'obligation de posséder par lui-
même le temps fixé; pourquoi ne pas lui permettre de
joindre à sa possession celle de ses auteurs ? Il était juste
de lui accorder ce droit; succédant à une personne, il fallait lui reconnaître tous les droits de cette dernière.

La plupart des coutumes (2) admirent les principes déjà
admis en droit romain et décidèrent que le possesseur
pourrait arriver à la propriété par la jonction des possessions « de telle sorte que l'on joint en ce cas le temps des

(1) Esquirou de Parieu : *Actions possessoires.*
(2) Nous ne citerons que les coutumes de Poitou, Nivernais, Paris,
Orléans, Bretagne, Calais.

» deux possessions pour parfaire celui de la prescription;
» c'est-à-dire que si l'héritage a été possédé successive-
» ment par plusieurs personnes *ayant droit et cause* les
» unes des autres, tous ces temps de jouissance sont joints
» et assemblés pour faire la prescription : *successor utitur*
» *adminiculo temporis ex personâ sui auctoris.* (Fr. 13,
» 44. 2) (1) »

Les coutumes qui admirent les principes de l'*accessio*,
établirent une distinction profonde entre les successeurs à
titre universel et les successeurs à titre particulier.

Tous les successeurs sans distinction entr'eux souffraient
de vices réels qui entravaient la prescription (inaliénabilité);
mais les successeurs universels souffraient seuls des vices
personnels au défunt : succédant à sa personne, la continuant, ils étaient tenus de toutes les obligations dont lui-
même était tenu; et par suite, non seulement ils ne pouvaient pas arriver à la prescription par la jonction des
possessions, l'auteur ne pouvant pas prescrire, mais ils ne
pouvaient pas même commencer une prescription nouvelle
distincte de celle de l'auteur et quelque longue que fût leur
possession, ils n'acquéraient pas, par la prescription, la
propriété. Dumoulin consacre cette opinion dans les
termes suivants (2) : « Par ce principe la mauvaise foi du
» possesseur nuit à son héritier successeur universel et
» l'empêche de pouvoir prescrire quoiqu'il ait joui de la
» chose paisiblement pendant 10 et 20 ans, parce qu'il n'a
» pas plus de droits que le défunt qui ne la pouvait pas
» prescrire à cause de sa mauvaise foi. »

Et Coquille (3) confirme notre opinion de la manière sui-

(1) Dumoulin et Boucheul sur 374 : C⁰ du Poitou.
(2) Sur 374 : C⁰ du Poitou, n° 6.
(3) Coutumes du Nivernais : titre des prescriptions, art. 1.

vante : « L'héritier du possesseur de mauvaise foi si for-
» melle, quoiqu'il ne veuille joindre la possession de son
» prédécesseur avec la sienne, néanmoins ne pourra com-
» mencer à prescrire, car l'héritier qui est censé la même
» personne que le défunt succède à tous ses vices person-
» nels et, quoiqu'il les ignore, il n'en est pourtant excusé. »

Les successeurs à titre particulier, au contraire, ne se
rattachant à l'auteur que par leur acte d'acquisition, com-
mençaient une possession nouvelle, distincte de celle de
l'auteur, et pouvaient arriver à la prescription s'ils étaient
de bonne foi, bien que leur auteur n'eût pas pu prescrire.

Cette opinion est adoptée par Dumoulin, Coquille, D'Argentré, et voici comment Ferrières expose son opinion (1) :
« L'héritier seul est tenu de la mauvaise foi de son auteur
» et non les autres : ils peuvent commencer une position
» nouvelle (dans le même sens Chopin et Brodeau); c'est
» aussi mon avis que tout acquéreur à titre particulier
» peut prescrire *ex sua personá* quoique son auteur fût
» de mauvaise foi ; et la raison qui me semble forte est que
» si cet acquéreur ne pouvait point prescrire, il s'ensui-
» vrait que celui qui possédait à juste titre et de bonne
» foi ne serait pas plus favorable que celui qui possédait
» sans titre et dont la possession aurait été vicieuse. »

Dans l'ancienne jurisprudence, ces principes n'avaient
pas été admis sans contestation : d'après le droit canoni-
que, l'héritier de bonne foi pouvait commencer une possession distincte de celle de l'auteur et arriver à la prescription, son auteur ne l'ayant pas pu lui-même.

De même, on avait admis que l'acquéreur à titre particulier d'un possesseur de mauvaise foi ne pourrait pas

(1) Sur l'art. 113, de la coutume de Paris, n° 8.

arriver à la prescription (1); mais ces opinions du droit canon n'ont pas été admises en France.

Enfin, on considérait les acquéreurs à titre gratuit, légataires et donataires, comme successeurs à titre particulier (2); de sorte que nous pouvons résumer la doctrine de l'ancienne jurisprudence de la manière suivante : la jonction des possessions est admise ; pour faciliter la prescription, les successeurs pourront joindre leur possession à celle de leurs auteurs (nous examinerons plus tard les conditions de l'accession); une différence importante sépare les successeurs à titre universel et les successeurs à titre particulier : les premiers continuent la possession de l'auteur ; si donc il était de mauvaise foi, ils ne pourront pas commencer une possession nouvelle et n'arriveront pas à la possession de 10 à 20 ans.

Les acquéreurs à titre particulier, au contraire, commencent une possession distincte de celle de l'auteur, et, bien que ce dernier fût de mauvaise foi, ils peuvent arriver à la prescription.

Pothier, dans son traité de la prescription (3), développe la même théorie et en tire les conséquences que nous indiquions plus haut ; cette distinction entre les successeurs à titre universel et à titre particulier, admise dans le droit romain et dans l'ancienne jurisprudence française, a-t-elle été acceptée par le code Napoléon ? S'il est possible d'avoir quelques doutes sur cette question, en présence des termes de l'article 2235; certains passages de l'exposé des motifs lèvent tout scrupule et nous devons reconnaître que

(1) Ferrières sur 372, Paris, nos 38 et 39.

(2) Coquille, sur la coutume du Nivernais, exprime l'opinion contraire et les assimile aux successeurs à titre universel.

(3) Partie 1, chap 4, nos 112, 114, 119, 122.

le code Napoléon a voulu maintenir l'ancienne théorie :
« le successeur à titre universel de la personne qui tenait
» la chose pour autrui n'a point un nouveau titre de pos-
» session. Il succède aux droits tels qu'ils se trouvent ; il
continue donc de posséder pour autrui et conséquemment
» il ne peut pas prescrire.

» Le successeur à titre particulier... (tient son droit) du
» titre qui lui a été personnellement consenti. Ce dernier
» titre peut donc établir un genre de possession que la per-
» sonne qui l'a transmis n'avait pas (1). »

De là découle la division de notre sujet en deux sections :

1º Règles de l'accession des possessions, dans le cas de
succession à titre universel ; 2º dans le cas de succession
à titre particulier.

## § 1.

### Successeurs à titre universel.

Nous avons établi que les rédacteurs du Code Napoléon
avaient maintenu la distinction admise par l'ancienne
jurisprudence, et avaient décidé que la possession, dans le
cas de succession à titre universel, passait fatalement aux
successeurs, avec les qualités et les vices qui lui étaient
propres.

Le successeur à titre universel ne commence donc pas
une possession nouvelle ; c'est la possession du défunt qui

(1) Bigot de Préameneu : exposé des motifs. Locré : *législation civile*,
tom. XV, pag. 584.

se continue par son intermédiaire. Et de ce principe
découlent deux conséquences importantes : le défunt était-
il *in causâ præscribendi*, le successeur pourra prescrire ;
les droits de son auteur lui appartiennent d'une manière
absolue ; on n'aura donc pas à examiner ici si le successeur remplit les conditions voulues pour la prescription.
Le défunt, au contraire, n'était-il pas en position de prescrire ? Le successeur à titre universel ne le pourra pas
plus que lui, remplit-il lui-même les conditions voulues
pour prescrire ?

Un premier point à examiner sur notre matière est de
préciser le sens qu'il faut attacher aux mots *successeurs
universels*. Le doute sur cette question naît de la mauvaise
terminologie du Code Napoléon. Dans l'article 2235, les
rédacteurs posent le principe général de l'accession des
possessions. La distinction entre les successeurs à titre
universel et les successeurs à titre particulier ne ressort
pas très clairement des termes employés par le législateur;
le rapprochement des articles 2237 et 2239 établit très
clairement cette distinction : malheureusement la loi, dans
l'article 2237, n'a pas employé le mot *successeur universel*,
mais le mot *héritiers ;* aussi pourrait-on dire que la loi n'a
voulu admettre la continuation fatale de la possession que
pour les héritiers proprement dits , et cette solution se
comprendrait; les héritiers prennent dans la société la
place du défunt, succèdent par la seule force de la loi à
tous les droits qui lui appartenaient ; la possession même
leur est transmise (724 C. N.) ; il est naturel d'admettre
qu'ils prennent cette possession avec les vices et les qualités à elle propres. Mais pourquoi étendre cette transmission
fatale de la possession à d'autres personnes, pourquoi ne

pas prendre le mot *héritiers* dans l'acception la plus ordinaire ? (724 C. N.) (1)

Cette manière d'interpréter l'article 2237 ne peut pas être admise : elle ne tendrait à rien moins qu'à mettre au nombre des effets de la saisine la transmission de la possession du défunt aux successeurs ; et sur ce point, cette doctrine constituerait une grave erreur. En droit romain, en effet, la saisine n'était pas connue, et cependant nous avons vu les jurisconsultes décider que tout successeur universel continuerait la possession du défunt. Notre ancienne jurisprudence a adopté les principes du droit romain. Les travaux préparatoires disent formellement que les successeurs à titre universel continuent la possession du défunt, et ne limitent pas cette solution aux héritiers seuls (2). Du reste, l'opinion que nous soutenons ne peut pas être mise en doute, si l'on veut rapprocher les dispositions du Code Napoléon du numéro 118, *Traité de la Prescription*, de Pothier : « Ce que nous avons dit de » l'héritier d'un possesseur de mauvaise foi..... a pareille- » ment lieu à l'égard de tous les autres successeurs » universels..... »

Cette solution ne peut donc pas être contestée. Il faut interpréter le mot *héritiers* de l'article 2237, dans le sens de *successeurs universels :* et cette interprétation de la loi tire son origine de la situation même de ces successeurs : ils prennent l'*universum jus* du défunt, succèdent à toutes ses obligations, et par suite à l'obligation de restituer à laquelle le défunt était soumis, et « il est évident que cette » obligation de rendre l'héritage dont les successeurs

---

(1) Berriat Saint-Prix : Notes théoriques sur le Code civil, nº 9473.

(2) Bigot Préameneu : *Exposé des motifs. Prescription*, Fenet, t. XV, p. 580.

» universels sont tenus, est pour eux un obstacle perpétuel
» à la prescription de cet héritage » (1).

De ces principes découlent les applications suivantes :
Les héritiers, les légataires universels ou à titre universel,
les donataires universels, les enfants mis en possession de
l'hérédité par un partage d'ascendant, continueront la
possession du défunt d'une manière absolue. Quels vices
sont transmissibles aux héritiers? En droit romain, les
vices de violence, de clandestinité et de précarité passaient
aux héritiers, s'ils existaient pour la possession du défunt :
les rédacteurs du Code Napoléon ont admis cette opinion
pour la précarité seulement ; ils ont considéré la violence
et la clandestinité comme des vices de fait de la possession,
et ces vices disparus, la possession peut fonder la prescription (2233 C. N.).

Les règles de l'accession des possessions en matière de
prescription de 10 à 20 ans sont, pour le cas de succession à titre universel, au nombre de trois : 1° il est nécessaire que le successeur à titre universel possède ; 2° que le
défunt ait possédé *ad præscribendum* ; 3° qu'il n'y ait pas
eu entre la possession du défunt et de l'héritier, une prise
de possession de plus d'une année.

1° Le successeur universel qui veut demander l'accession
des possessions, doit posséder : cette première condition
pourrait peut-être paraître contraire aux principes de la
saisine héréditaire : il n'en est rien. Nous avons cherché à
démontrer, en matière d'actions possessoires, que la saisine
avait pour effet, non pas de faire acquérir la possession,
mais de donner immédiatement l'exercice des actions possessoires. En outre, l'héritier saisi est bien censé posséder,

_____

(1) N° 118. Pothier : *Prescription*; Aubry et Rau, 2° *Edi.*, § 181,
note 12.

mais seulement tout autant que personne n'a appréhendé la possession de la chose. Devant l'appréhension par autrui, fait matériel, la saisine, fiction légale, ne peut pas produire effet.

Sans doute, si le défunt avait possédé le temps voulu pour la prescription, son héritier ou successeur universel, succédant à tous ses droits, pourrait invoquer la prescription acquise par le défunt et se faire maintenir en propriété. Mais la situation est différente dans le cas qui nous occupe : le défunt n'avait pas achevé le temps de prescription ; son héritier veut continuer la possession et arriver à la propriété par la jonction des possessions. N'est-il pas naturel qu'il possède, et sa possession ne constitue-t-elle pas une condition essentielle à la possibilité de la prescription ?

2° Le défunt doit avoir possédé *ad præscribendum ;* cette condition résulte des principes par nous posés : le successeur universel ne commence pas une possession ; il ne fait que continuer la possession de l'auteur : l'auteur et le successeur ne sont censés faire qu'une seule et même personne, *idem homo esse fingitur*, dit Cujas, et par suite c'est la même possession qui appartient à l'un et à l'autre. De là, deux conséquences : le successeur universel pourra arriver à la prescription, pourvu qu'il possède dans les termes de l'article 2229, si le défunt lui-même possédait *ad præscribendum ;* il n'y aura pas lieu à examiner si le successeur est de bonne ou de mauvaise foi (arg. 2237). Mais, en sens contraire, si l'auteur ne pouvait pas prescrire, s'il n'avait pas de juste titre, possédait de mauvaise foi ou à titre précaire, le successeur universel, même de bonne foi, ne pourra pas arriver à la prescription, quelque longue que soit sa possession (2237 C. N.).

Dans la première hypothèse : si l'auteur possède *ad*

*præscribendum,* le successeur prescrira nécessairement, et pourra joindre à la possession de l'auteur sa propre possession (2235 C. N.).

Dans la seconde hypothèse : le successeur universel ne pourra pas arriver à la prescription par la jonction des possessions ; mais, laissant de côté la possession de l'auteur, pourra-t-il commencer une possession nouvelle et arriver à la propriété par la prescription de 10 à 20 ans ?

Nous n'hésitons pas à répondre négativement ; tous les auteurs ont admis notre solution, dans l'hypothèse où l'auteur était tenu contractuellement vis-à-vis du propriétaire ; ils ont reconnu, dans ce cas, que les successeurs à titre universel ne pourraient pas prescrire, empêchés qu'ils étaient par l'obligation de restituer existant entre le propriétaire et le défunt, obligation que ce dernier leur avait transmise.

Mais quelques auteurs ont voulu soutenir que cette opinion excellente, lorsque le défunt était obligé contractuellement vis-à-vis du propriétaire, devait être rejetée lorsque le défunt était empêché de prescrire par sa mauvaise foi. Le raisonnement fait par les auteurs (1) que nous combattons est bien simple : le défunt ne pouvait pas prescrire : sa mauvaise foi l'en empêchait ; son héritier est de bonne foi, pourquoi ne pas lui permettre d'arriver à la propriété ; en outre, on fait remarquer que l'hérédité constitue un juste titre dans le sens de l'art. 550, code Napoléon, pour permettre à l'héritier l'acquisition des fruits, pourquoi ne pas admettre, que s'il est de bonne foi, l'hérédité constituera un juste titre suffisant à l'acquisition de la propriété ?

___

(1) Voir Rodière : observations sur un arrêt du 27 octobre 1835. *Revue de la législation,* tom. IV, et Merlin, *répertoire :* v° prescription, sect. 1, § 5, art. 1, n° 2.

Tels sont les deux arguments principaux présentés par l'opinion adverse ; il nous semble facile d'y répondre victorieusement ; le premier argument fourni pêche par la base : il serait concluant si l'héritier commençait une possession nouvelle, distincte de celle du défunt ; mais nous avons établi que le successeur et le défunt n'avaient qu'une seule et même possession ; que la bonne foi était utile au moment de l'acquisition (2265 C. N.) : d'où il résulte que l'héritier ne peut pas commencer la prescription de 10 à 20 ans, son auteur étant de mauvaise foi : *l'initium possessionis* se plaçant ainsi dans la personne du défunt ; le second argument n'est pas plus concluant que le premier ; il tend à assimiler deux situations complètement différentes. Les fruits sont attribués au possesseur de bonne foi, à cause de sa bonne foi, et la loi n'exige qu'un titre putatif (550 C. N.) ; pour fonder la prescription, au contraire, il faut un juste titre véritable et un titre putatif ne peut pas suffire. (2265 C. N.)

Nous maintenons donc notre solution d'une manière absolue : si l'auteur ne peut pas prescrire, par défaut de titre ou de bonne foi, parce qu'il tient la chose à titre précaire, son héritier, même de bonne foi, ne le pourra pas non plus ; successeur à titre universel, il continue la possession du défunt, et la mauvaise foi de ce dernier empêche la prescription. (2237 arg. C. N.)

3° Enfin, la jonction des possessions n'est possible que lorsque nul n'a possédé, pendant plus d'un an, entre le défunt et l'héritier ; cette condition a à peine besoin d'être justifiée : nous avons établi que la possession exercée par un tiers, pendant plus d'une année, constituait une interruption naturelle de la prescription ; l'héritier continue la possession du défunt. Si ce dernier avait laissé un tiers posséder pendant plus d'un an, il aurait dû recommencer la prescription : son héritier est dans les mêmes conditions que lui-même, et s'il y a eu possession annale au profit d'un tiers, l'accession devient impossible.

## § 2.

### *Successeurs à titre particulier.*

Que faudra-t-il décider en présence d'un successeur à titre particulier, quelles règles domineront l'accession des possessions ?

On appelle successeur à titre particulier une personne qui succède à une autre dans la propriété ou la possession d'un objet déterminé, et sans prendre à sa charge les obligations du précédent propriétaire ou possesseur.

L'acquéreur vis-à-vis du vendeur est un successeur à titre particulier : le seul lien, la seule relation qui existe entr'eux est établi par le contrat de vente et porte sur l'objet même qui a été vendu. De même, le légataire à titre particulier, le donataire à titre particulier, sont des successeurs à titre particulier, et les règles que nous allons développer leur sont applicables.

Le principe général qui domine toute la matière est l'interruption de possession que le contrat à titre particulier entraîne avec lui ; nous avons fait remarquer plusieurs fois que la possession résultant d'un état de fait, d'un rapport entre la chose et la personne, disparaissait nécessairement quand la personne cédait la chose à un tiers. Mais alors prend naissance, au profit de cette nouvelle personne, une pc session nouvelle, possession complètement distincte de celle qu'avait le précédent propriétaire.

De ce principe découlent deux conséquences importantes : l'auteur est-il de bonne foi, et peut-il invoquer un juste titre? En un mot, est-il en état de prescrire la chose? Son successeur à titre particulier ne pourra prescrire que s'il a un juste titre, s'il est de bonne foi.

En sens inverse, l'auteur empêché de prescrire, par sa mauvaise foi, son défaut de titre, ou ne possédant qu'à titre précaire, ne sera pas un obstacle pour la prescription dans la personne de son successeur : si ce dernier remplit toutes les conditions voulues pour prescrire; s'il a titre et bonne foi et possède à titre précaire (2239 arg. de cet article).

Ces solutions sont admises par la grande majorité des auteurs : la seconde est acceptée de tous; la première a été contestée : on a prétendu que l'acquéreur de mauvaise foi pourrait prescrire malgré sa mauvaise foi, malgré son défaut de juste titre, pourvu que l'auteur fût *in causâ præscribendi* (1); on appliquerait ainsi la même solution au cas de successeur à titre universel et au cas de successeur à titre particulier.

Le raisonnement sur lequel on veut fonder cette solution peut être formulé de la manière suivante : tout possesseur de bonne foi, au moment de l'acquisition, peut continuer la prescription par lui commencée, bien que la bonne foi s'évanouisse : *mala fides superveniens præscriptionem non impedit*. Qu'importe que la mauvaise foi survienne pendant la possession dans la personne même du possesseur, ou existe au moment de l'acquisition du successeur; pourquoi

_____

(1) Troplong : *De la prescription*. 1, nᵒ 432.

ne pas appliquer la même solution dans les deux cas ;
pourquoi ne pas permettre à ce successeur d'arriver à la
propriété par la prescription ?

Nous ne pouvons pas admettre cette manière de raisonner ; dans les deux cas il n'y a pas similitude ; le possesseur a commencé sa possession de bonne foi, il devient de
mauvaise foi et cependant continue à prescrire. On comprend l'utilité de cette solution : le possesseur a acheté
et au moment de l'acquisition il était de bonne foi, il
serait trop rigoureux d'empêcher la prescription, parce
qu'il est devenu de mauvaise foi : « quand Pierre a cons-
» ciencieusement acheté et payé l'immeuble qu'il recon-
» naît plus tard n'avoir pas appartenu à son vendeur,
» insolvable peut-être au moment de cette découverte,
» peut-on vraiment le punir bien sévèrement de n'avoir
» pas été prévenir le propriétaire et lui rendre son bien
» en accomplissant ainsi un acte de délicatesse qui lui
» aurait coûté... toute sa fortune peut-être (1) ? » Au contraire, celui qui a acquis un immeuble qu'il sait ne pas ap-
partenir à son vendeur, est-il dans une situation aussi digne
d'intérêt ? Le simple bon sens répond ; la situation n'est
pas la même, on comprend donc très bien que la situation,
dans les deux cas, soit différente.

Mais pourrait-on ajouter, le successeur universel prescri-
rait valablement, malgré sa mauvaise foi ; le successeur à
titre particulier ne doit-il pas être dans la même situation ?
Les principes exposés plus haut nous font rejeter cette
assimilation d'une manière complète : nous avons trouvé
dans le droit romain la distinction des successeurs à titre
universel et à titre particulier ; l'ancienne jurisprudence l'a

(1) Marcadé : *prescript.* sur 2235, nº 11.

adoptée pleinement ; les rédacteurs du code Napoléon l'ont maintenue (2237, 2239 arg. et travaux préparatoires), et cette distinction nous amène à la différence par nous signalée entre les deux hypothèses : le successeur à titre universel prescrira malgré sa mauvaise foi ; il ne fait que continuer la possession du défunt ; le successeur à titre particulier, au contraire, commence une possession nouvelle, tout-à-fait distincte de celle de l'auteur, il faut donc pour qu'il puisse prescrire qu'il soit lui-même dans les conditions voulues par la loi, qu'il soit de bonne foi, ait un juste titre et possède à titre de propriétaire.

En résumé donc : le successeur à titre particulier pourrait prescrire, bien que l'auteur ne le pût lui-même ; la loi lui accorde un autre avantage : « pour compléter la prescrip-
» tion, on peut joindre à sa possession celle de son auteur
» de quelque manière qu'on lui ait succédé, soit à titre
» universel ou particulier, soit à titre lucratif ou onéreux. »
(2235 C. N.)

Ce principe que le code Napoléon n'a fait qu'énoncer avait été emprunté par l'ancienne jurisprudence au droit romain ; pour exposer les règles auxquelles il est soumis nous aurons à consulter nos anciens auteurs ; on peut ramener à quatre les principales règles de l'accession :

1° Que l'auteur pût prescrire ;

2° Que le successeur remplisse toutes les conditions de la prescription ;

3° Qu'il n'existe pas entre les deux possessions une interruption de plus d'une année (2243 C. N.) ;

4° Qu'il y ait entre les deux possessions une relation juridique.

Au nombre de ces conditions se rencontrent des principes déjà signalés par nous dans le cas de succession à titre universel : nous les avons reproduits ici pour présenter sur chaque matière le tableau exact des règles de l'accession. En parcourant chacune de ces conditions, nous indiquerons les principes particuliers à l'accession entre successeurs à titre particulier.

1° La première condition de l'accession est que l'auteur ait pu prescrire. L'accession est une faveur pour le successeur ; il ne peut pas avoir plus de droits que son auteur lui-même, et la possession de l'auteur, qui n'aurait pas pu servir de base à la prescription si l'auteur l'eût invoquée, ne servira de rien au successeur à titre particulier. Ce principe est formellement admis par tous nos anciens auteurs : d'Argentré, Dumoulin, Claude Ferrières, Pothier (1) et Dunod.

Si l'auteur ne pouvait pas prescrire, la jonction des possessions ne serait pas possible ; mais nous avons établi que le successeur à titre particulier pourrait, dans ce cas, commencer *ex personâ suâ* une prescription nouvelle, s'il remplissait toutes les conditions voulues par la loi (2).

2° La jonction n'est possible que si le successeur lui-même peut prescrire ; le successeur ne peut avoir que les droits de l'auteur. Or, au moment de l'acquisition, l'auteur n'avait pas achevé la prescription ; le successeur commence une possession nouvelle, distincte de celle de l'auteur ; cette possession, pour établir la prescription, doit remplir toutes les conditions exigées par la loi. *Eum qui ipse non possideat, accessione possessionis alienæ uti non posse*, nous dit d'Argentré (3), indiquant par là que le successeur doit posséder. Cela cependant ne suffirait pas, il doit posséder

(1) Nos 119-121 : *Traité des Prescriptions.*
(2) No 122 *in fine*, Pothier, *loco citato.*
(3) Sur l'article 271, vo autres, *Coutume de Bretagne.*

7

*ad præscribendum ;* il ajoute plus bas : *Vitiosæ possessionis ad aliam vitiosam non dari accessionem.*

Pothier, n° 120, établit formellement la même règle : c'est aussi l'opinion seule soutenable en droit français.

Cette question s'est présentée devant la Cour de Limoges dans les circonstances suivantes : Un sieur Estrade avait acheté de bonne foi, vers 1806, un immeuble du sieur Milon, et l'avait revendu en 1812 à Maisonneuve Lacoste ; cet immeuble appartenait à Mᵐᵉ Milon, morte vers 1812, laissant des héritiers mineurs. Ces héritiers, devenus majeurs, intentèrent une action en délaissement. Ils prétendirent que la prescription ne pouvait pas être acquise contre eux, puisque Maisonneuve, à cause de sa mauvaise foi, ne pouvait pas joindre sa prescription à celle du sieur Estrade. La Cour de Limoges admit que la prescription était acquise, par le singulier considérant suivant : « Attendu » qu'il est inutile de se préoccuper de la question de » savoir si Maisonneuve Lacoste a été de bonne foi ou de » mauvaise foi, s'il peut exciper de la bonne foi de son » vendeur... Attendu qu'Estrade est de bonne foi ; attendu » que Lacoste peut donc invoquer la bonne foi d'Estrade, » son juste titre, et appuyer sur cette base les 10 années » de prescription... » (1)

Cette solution doit être considérée comme une erreur ; elle est contraire à tous les précédents historiques, et ne tendrait à rien moins qu'à faire disparaître de notre Code la distinction entre les successeurs à titre universel et à titre particulier.

3° Les deux possessions ne doivent pas être séparées par une possession de plus d'une année : il y aurait dans

---

(1) Sirey, 56, 2, 549.

ce cas interruption de la prescription. Si cette interruption s'était produite pendant la possession d'une personne, cette dernière ne pourrait que commencer une prescription nouvelle ; la même solution doit être donnée dans le cas où la chose a été successivement possédée par plusieurs.

Cette condition était admise en droit romain. Dans cette législation, l'interruption résultait de la possession d'un tiers. Dans notre droit, la possession doit avoir duré plus d'une année pour entraîner l'interruption (1).

Pour que l'accession ne soit pas possible, il faut donc qu'un tiers ait possédé la chose, car le simple fait que la chose n'aurait appartenu à personne, aurait été vide, n'empêcherait pas la jonction.

4° Enfin, pour que l'accession soit possible, il faut qu'il existe une relation juridique entre les deux possessions. Cette condition, les jurisconsultes romains l'exigeaient ; et nous l'avons nous-mêmes demandée dans les cas d'accession en matière d'actions possessoires. En quoi consiste cette condition ? De la manière dont on résout cette difficulté dépendent les solutions de questions très importantes et très controversées. Faut-il admettre que l'on pourra invoquer l'accession des possessions, par cela seul que l'on possédera une chose qu'une autre personne possédait auparavant ? Cette première solution ne peut pas être admise ; elle serait contraire à toutes les traditions. Nos anciens auteurs ne se bornent pas à exiger, pour accorder l'accession, une simple succession de possession ; ils veulent une autre condition, pour l'indication de laquelle ils emploient diverses expressions. D'Argentré, par exemple, nous dit : « Neminem uti

(1) 2243 C. N. ; d'Argentré (271, n° 6) ; Claude Ferrières, sur l'article 113 de la Coutume de Paris, n° 15 ; Pothier (n° 124, *loco citato*) ; Aubry et Rau, § 181.

» accessione alienæ possessionis ejus, à quo causam non
» habet. »

Claude Ferrières, sur l'article 113 de la Coutume de
Paris, nous dit que : « pour se servir de la possession de
» son auteur, il faut avoir le droit et le titre de lui. »
Et toutes les Coutumes qui consacrent le principe de l'accession exigent que le successeur ait cause de l'auteur.

Enfin Dunod, dans son *Traité des Prescriptions* (1),
indique cette condition dans les termes suivants : « Que
» le titre vienne de l'auteur même dont on veut joindre la
» possession à la sienne ; car si l'on avait reçu le titre
» d'une personne et la possession d'une autre, il n'y aurait
» pas lieu à l'accession... »

Tels sont les termes dont se servent nos anciens auteurs
sur la condition de relation entre les deux possessions.
Nous n'aurons pas de peine à reconnaître que ces termes
sont vagues et n'expriment pas une idée très nette ; aussi
pensons-nous que c'est dans le sujet lui-même qu'il faut
rechercher les éléments de solution. Lorsqu'une personne
demande à profiter de l'accession des possessions et veut
joindre à sa possession la possession d'un précédent détenteur, elle exerce les droits de ce dernier, droits que lui
seul pouvait exercer ; la loi ne peut pas lui accorder cette
faveur, par cela seul qu'il y a succession de possession ; il
est nécessaire que le successeur puisse invoquer un certain
rapport juridique avec le précédent possesseur ; et ce rapport juridique existera, d'après nous, toutes les fois qu'une
personne viendra succéder à une autre, par suite de la
volonté formelle ou tacite de cette dernière : « toutes les
» fois qu'il existera entre deux possessions un lien telle-

(1) C. IV, partie 1, page 22.

» ment intime et uniforme, que l'une apparaît comme la
» suite et, en quelque sorte, comme la continuation de
» l'autre » (1).

Ce principe posé, il ne reste plus qu'à en faire l'application aux principales hypothèses qui peuvent se présenter.

Tout acquéreur pourra demander l'*accessio* avec le vendeur ; par la vente, il a acquis les droits du vendeur et peut les exercer de la même manière que ce dernier. Et, par suite, nous admettons que dans le cas de ventes successives, l'accession pourrait se faire, au profit de l'acquéreur, de toutes les possessions des vendeurs précédents ; cette solution serait encore vraie dans l'hypothèse où, après avoir vendu un objet, on le rachèterait. L'accession permettrait à l'ancien propriétaire, acquéreur de la chose, de joindre à sa possession la possession du vendeur et la sienne propre qu'il avait eue avant la vente.

Dans le cas de donation, l'accession ne peut pas être déniée au donataire : le donateur a voulu céder tous les droits qu'il avait sur la chose ; le contrat de donation permettra au donataire de joindre sa possession à celle du donateur.

Dans ces deux hypothèses, l'accession est la conséquence de la volonté des parties ; elle serait encore possible si les parties avaient soumis la vente ou la donation à une condition résolutoire. Pourquoi refuser dans ce cas l'accession ? Le vendeur, le donateur ne reprennent-ils pas la possession de la chose donnée ou vendue par suite de la volonté des contractants ? et ne peut-on pas dire avec Africain, qu'ils doivent être traités comme s'ils avaient fait un nouveau contrat ?

---

(1) Note 5, § 181, Aubry et Rau.

Cette solution, donnée dans le cas de condition résolutoire conventionnelle, nous force d'admettre les mêmes
principes et de permettre l'accession dans tous les cas
de condition résolutoire tacite. La volonté des parties
est présumée par la loi ; elle doit être présumée
avec toutes les conséquences que produirait la volonté
exprimée : l'accession sera donc possible dans le cas de
vente résolue pour cause de non paiement de prix ; de
donation résolue pour inexécution des charges, ou pour
survenance d'enfants. Il en sera de même de tous les cas
de résolution de contrats par suite de dol, de violence,
d'erreur ; l'accession sera admise d'une manière absolue,
pourvu que toutes les autres conditions de l'accession
soient remplies.

L'accession devrait encore être accordée toutes les fois
qu'un contrat est imposé par la seule force de la loi : par
exemple, dans toutes les hypothèses de retraits (841,
1699 C. N.) ; dans les cas de vente par autorité de justice
(expropriation pour cause d'utilité publique).

Le légataire peut joindre à sa possession la possession
du défunt et même celle de l'héritier, avant la délivrance
du legs : l'accession résulte pour le légataire de ce fait,
que le défunt a voulu lui transmettre sur la chose léguée
tous les droits qui lui appartenaient.

Une question très controversée est de savoir si, dans
l'hypothèse où l'on reçoit la possession en vertu d'un
jugement, on peut joindre sa possession à celle du con-
damné : cette question était controversée dans l'ancienne
jurisprudence et divise encore les auteurs. Elle ne nous
paraît pas susceptible d'une solution absolue. Voici, d'après
nous, les distinctions qui doivent être proposées : le possesseur évincé n'avait-il pas encore possédé plus d'une

année, la possession du revendiquant n'a pas été interrompue, elle est censée avoir toujours existé : il n'y a donc pas lieu à l'application des règles de l'*accessio*.

Le revendiquant a laissé le possesseur acquérir la possession annale, et il obtient contre lui le délaissement de l'immeuble, que faut-il décider ? pourra-t-il joindre sa nouvelle possession à celle du possesseur évincé ?

Sur cette question, M. Troplong a présenté la distinction suivante : si le possesseur fait les fruits siens, l'accession sera possible ; elle ne le sera pas, dans le cas contraire. Cette opinion ne peut pas être acceptée. Qu'importe, en effet, au revendiquant que le précédent possesseur fît ou non les fruits siens au point de vue de l'accession des possessions ? Ces deux effets de la possession, l'accession et la perception des fruits, n'ont rien de commun, et l'on ne peut rien conclure de l'un à l'autre.

MM. Aubry et Rau n'admettent pas que le revendiquant puisse joindre sa possession à celle du possesseur intérimaire (1) : les raisons qu'ils fournissent à l'appui de leur solution sont les suivantes : *a*) La loi 13, § 9 (44-2), s'explique par des principes particuliers à la législation romaine, et ne peut pas, par suite, être étendue au droit français. Nous admettons la légitimité de cette fin de non recevoir, et nous pensons en effet qu'en droit romain la loi 13, § 9, ne devait s'appliquer, dans le principe du moins, qu'à l'*accessio* de l'interdit *utrubi*. — *b*) En second lieu, ces auteurs font remarquer que l'interruption de possession a été définitivement opérée par une dépossession de plus d'une année ; et l'on comprendrait difficilement, ajoutent-ils, que l'interruption fût complètement effacée par

_____

(1) § 181, texte et note 8.

l'effet d'un jugement rendu au pétitoire, non seulement à l'égard de la partie condamnée au délaissement, mais encore à l'égard de tout tiers contre lequel on voudrait se prévaloir de la possession. Le jugement n'a qu'un effet relatif, comment pourrait-il produire effet à l'égard des tiers qui n'y ont pas figuré ? Tels sont les arguments sur lesquels MM. Aubry et Rau fondent leur système : nous ne savons si notre esprit nous trompe, mais il nous semble que ces arguments n'ont rien de concluant en eux-mêmes, et qu'il est bien difficile d'établir sur eux le système mis en avant.

L'interruption a eu lieu, dit-on ; nous le reconnaissons volontiers ; mais en quoi cela peut-il empêcher l'accession ? Et n'est-ce pas parce qu'il y a eu interruption de possession et possession au profit d'un tiers que le vendeur, sous condition résolutoire, peut joindre sa nouvelle possession à celle de l'acquéreur dépouillé ?

Le jugement, dit-on encore, ne peut produire d'effets qu'entre parties et non à l'égard des tiers ; nous ne nions pas ce principe : il est incontestable, mais en quoi cela empêcherait-il l'accession ? Est-ce que la vente intervenue entre Primus et Secundus et qui permet l'accession, produit des effets à l'égard des tiers ? Non, d'après l'article 1165. C. N. et cependant elle permet l'accession, pourquoi en serait-il autrement du jugement ?

Aussi n'hésitons pas à accepter l'opinion contraire et à déclarer que l'accession est possible ; il ne faudrait pas exagérer la portée de cette solution et l'exemple suivant montrera les conséquences que nous en faisons découler : Primus a acheté un immeuble *bond fide* et avant la prescription accomplie, il en perd la possession : le possesseur nanti a possédé plus d'une année, mais de mauvaise foi, et Primus a obtenu contre lui le délaissement de l'immeu-

ble ; que faut-il décider quant à l'accession ? Un premier
point à constater est l'interruption de la possession de Primus ; il a obtenu le délaissement, peut-il joindre sa nouvelle possession à celle du possesseur intérimaire ? Non ;
ce n'est pas parce qu'il a obtenu la possession en vertu
d'un jugement, mais parce que successeur à titre particulier, il ne peut joindre que des possessions valables *ad
præscriptionem*, et que le possesseur intérimaire ne pouvait
pas prescrire ; il pourrait parfaitement dans ce cas profiter
de l'accession pour les actions possessoires, puisque l'on ne
se préoccupe pas de la bonne ou mauvaise foi du possesseur.

Modifions un peu l'hypothèse précédente : le possesseur
intérimaire a acheté l'immeuble *bonâ fide* d'un non *dominus* : il peut arriver à la prescription. Dans ces conditions
et avant l'accomplissement de la prescription, Primus obtient le délaissement de l'immeuble : que décider ? Comme
dans le premier cas, sa possession aura été interrompue,
mais ne pourra-t-il pas joindre sa nouvelle possession à
celle du possesseur intérimaire ? Nous décidons l'affirmative : il pourrait avoir l'accession, si une transaction, un
contrat était intervenu entre le possesseur et lui, pourquoi
ne pas admettre la même solution dans le cas de jugement,
qui n'est en définitive qu'une transaction forcée; cette
accession n'empêchera pas l'interruption de possession
d'avoir eu lieu. Primus pourra bien joindre sa nouvelle
possession à celle du possesseur intérimaire, mais non à
celle qu'il avait eue antérieurement (1). Et de cette manière, notre solution nous paraît respecter tous les principes.

(1) Voir dans le même sens Marcadé : sur 2235, n° III.

§ 3.

*Prescription de 30 ans.*

D'après l'article 2262 du code Napoléon, on prescrit par 30 ans toutes les actions tant réelles que personnelles.

Dans le cas de possession d'un immeuble par 30 ans, on acquiert la propriété; on peut, pour parfaire ce temps, joindre sa possession à celle des auteurs; ici nous retrouvons encore la distinction entre les successeurs à titre universel et particulier (1); les premiers, si l'auteur possédait à titre précaire, ne pourront jamais arriver à la propriété (2237 C. N.); les seconds le pourraient en commençant une possession nouvelle, distincte de celle de l'auteur (2239, 2262 C. N.).

Les règles de l'accession des possessions seront donc les mêmes que dans le cas d'accession, de prescription de 10 à 20 ans, avec cette différence cependant que, pour apprécier la possession et pour voir si elle est capable de donner naissance à la prescription, il faudra faire abstraction chez le possesseur de la bonne foi et du juste titre.

Ces règles s'appliqueront toutes les fois que la possession pourra servir à faire acquérir un droit réel quelconque.

Dans tout notre travail, nous avons supposé que le possesseur était *in causâ præscribendi*, et qu'il demandait l'accession des possessions pour arriver à la prescription.

(1) Pothier : *De la prescription*, nᵒ 171.

Il est d'autres hypothèses où l'accession sera très utile :
le véritable propriétaire a laissé acquérir à un tiers la
possession annale et a seulement contre lui l'action en
revendication ; pour gagner son procès, il devra faire la
preuve de sa propriété, et apporter la preuve que ses
auteurs étaient propriétaires, le successeur ne pouvant pas
avoir plus de droits que l'auteur lui-même. Pour éviter
cette preuve difficile, il lui suffira de prouver que lui ou ses
auteurs ont possédé à juste titre et de bonne foi par 10 à
20 ans, ou bien qu'il a possédé sans titre pendant 30 ans ;
et peut-être ne pourra-t-il rapporter cette preuve qu'en
invoquant l'*accessio possessionum*.

En droit romain, ces principes recevaient aussi leur
application : il est même dans cette législation une hypothèse dans laquelle l'accession sera utile à des personnes
qui ont sur la chose un droit de propriété.

Supposons la tradition d'une chose *mancipi* par un
véritable propriétaire ; ce dernier conserve le *nudum jus
quiritium* et l'*accipiens* à l'*in bonis ;* le propriétaire bonitaire
arrivera à la propriété romaine par l'usucapion ; si, dans
cette hypothèse et avant l'usucapion il venait à vendre
cet objet, l'acquéreur pourrait invoquer l'*accessio* (1) : on
appliquerait à cette dernière hypothèse les règles de
l'*accessio ad usucapionem*, en remarquant qu'il ne peut pas
ici être question de bonne foi, puisque le *tradens* était
propriétaire.

Nous sommes arrivés au terme de notre travail, nous ne

---

(1) Il en serait de même dans tous les cas d'*in bonis habere*. Par
exemple, dans le cas de *possessio bonorum cum re*, le possesseur de
biens, s'il vend les biens de la succession, ne peut pas transférer la
propriété romaine, l'acquéreur n'aura que l'*in bonis*, et invoquera
l'*accessio possessionum* pour triompher dans l'interdit *utrubi* et pour
acquérir la propriété par usucapion.

le ferons pas suivre de l'orgueilleuse parole que (2) d'Argentré plaçait à la fin de son étude des mêmes règles. Nous n'avons pas la prétention d'avoir épuisé le sujet, nous serions heureux de l'avoir rendu clair et attrayant et nous aurions atteint notre but, si le lecteur avait pu facilement nous suivre dans nos explications.

(2) Atque de accessionibus hactenus, non inutiliter ut spero, quæ nusquam uno loco jurisconsulti tradidere.

D'Argentré : sur 271. Cᵉ de Bretagne, Vᵒ ou autres.

# TABLE.

## DROIT ROMAIN.

## DROIT FRANÇAIS.

FIN

Toulouse. — Typographie de BONNAL et GIBRAC, rue St-Rome, 11.

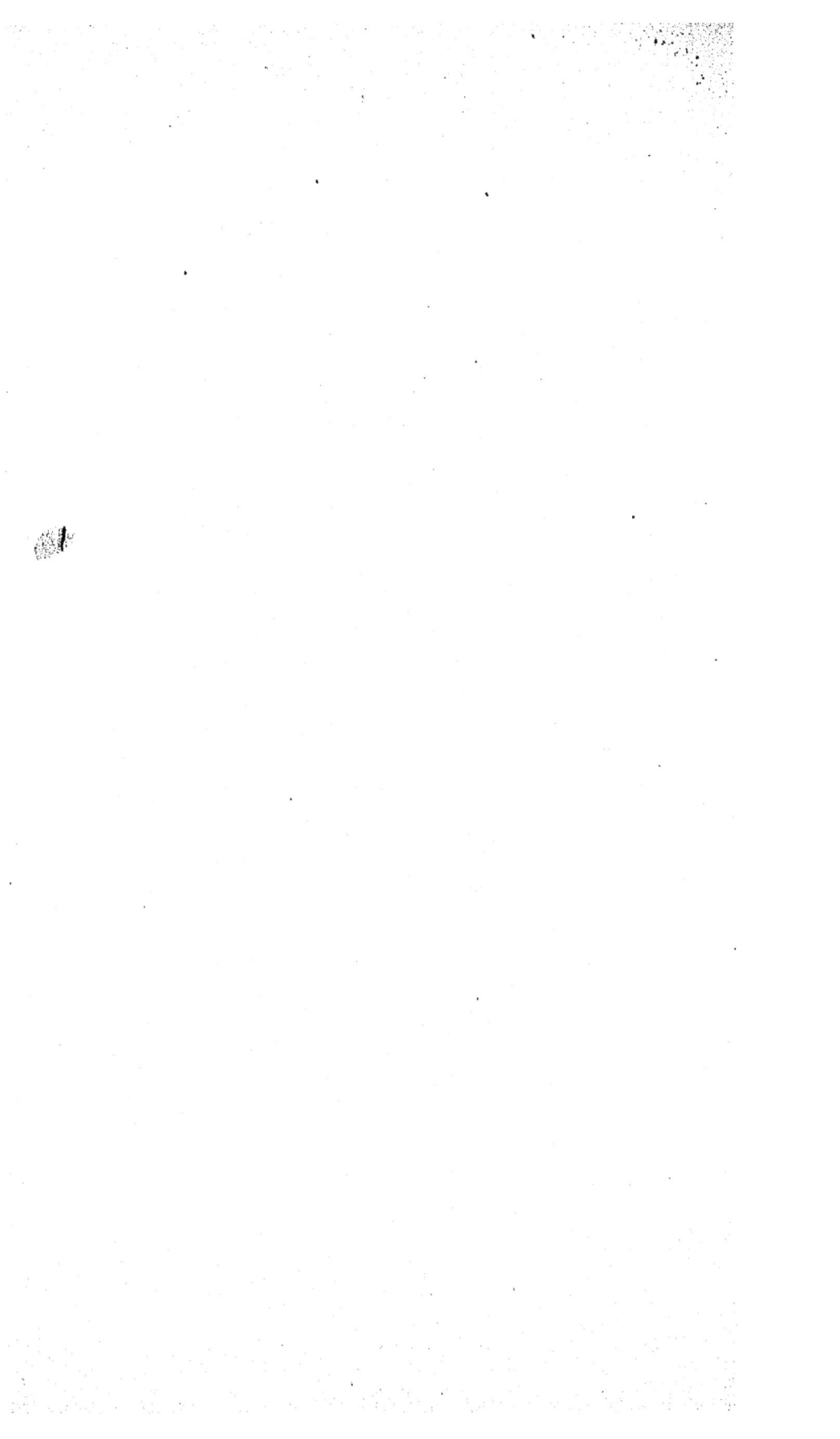

www.ingramcontent.com/pod-product-compliance
Lightning Source LLC
Chambersburg PA
CBHW071448200326
41519CB00019B/5667